Begleitetes Sterben als gesellschaftliches Phänomen

Der Sterbeprozess und moderne Sterbebegleitung
Aspekte ambulanter Hospizarbeit

von

Tanja Müller

Tectum Verlag
Marburg 2005

Umschlagabbildung: www.photocase.com

Müller, Tanja:
Begleitetes Sterben als gesellschaftliches Phänomen.
Der Sterbeprozess und moderne Sterbebegleitung -
Aspekte ambulanter Hospizarbeit.
/ von Tanja Müller
- Marburg : Tectum Verlag, 2005
ISBN 978-3-8288-8950-7

Tectum Verlag
Marburg 2005

Inhalt

Abbildungen

Tabellen

DANKSAGUNG

Diese Veröffentlichung basiert auf meiner überarbeiteten und aktualisierten Abschlussarbeit aus dem Jahr 2004. Von der ersten Idee bis zu den letzten Überarbeitungen standen mir in meinem Arbeitprozess verschiedenste Menschen zur Seite.
Ihnen möchte ich an dieser Stelle meinen ausdrücklichen Dank aussprechen:

PD Dr. Gerhard Schäuble - für seine Ermutigungen und die Offenheit, seine Diskussionsfreude und die intensive Betreuung;
Prof. Dr. Detlef Krause - für die Begutachtung der Arbeit;
Dr. Bärbel Wallisch Prinz - für ihre Geduld, ihre Lesefreude und die vielen Denkanstöße;
Ulrike Lahn - für die zahlreichen Gespräche, den Erfahrungsaustausch und ihren Blick für das Wesentliche;
Inge Müller - für ihre Ausdauer bei der Endkorrektur meines Textes;
Sylvi Hoschke und Esther Voosen - für ihre Korrekturen;
Antje Brinkmann und Katrin Stuhr – für ihre technische Unterstützung;
Katrin Stuhr - für ihren Rückhalt und die moralische Unterstützung;
allen ungenannten GesprächspartnerInnen, deren Worte mich bei meiner Arbeit unterstützt und auf meinem Weg begleitet haben.

Danken möchte ich aber insbesondere meinen InterviewpartnerInnen aus den ambulanten Hospizdiensten – aufgrund ihrer Arbeit und durch ihre Bereitschaft zum Gespräch konnte ein Großteil der Arbeit erst realisiert werden.

Tanja Müller
Juli 2005

1. EINLEITUNG

„Begleitetes Sterben als gesellschaftliches Phänomen" – welches Erkennt-
nisinteresse verbirgt sich hinter dem Titel dieser Arbeit? Im Zentrum steht
eine soziologische Annäherung an den Bereich des Sterbens und der Sterbebegleitung in der modernen Gesellschaft. Sterben und Tod als elementare
anthropologische Konstanten prägen die Auffassung vom Leben. Jeder
Mensch als natürliches und soziales Wesen ist betroffen von dieser Da-
seinsbegrenzung.

Im Mittelpunkt der Betrachtung steht jedoch nicht die einzelne sterbende Person. Der Sterbeprozess und die Begleitung Sterbender sowie der
soziale Kontext beider sind die zentralen Phänomene. Der Fokus ist auf die
soziologische Auseinandersetzung mit dem individuellen Sterben und dessen gesellschaftlichen Rahmenbedingungen gerichtet. Es gilt, aus dieser
Perspektive, den Blick für die Begleitungspraxis von ambulanten Hospizen
zu schärfen. *Was sagt das Angebot und die derzeitige Entwicklung ambulanter Hospize über das begleitete Sterben in der modernen Gesellschaft
aus?* Oder anders formuliert: *Welche Rückschlüsse lassen sich vor dem
Hintergrund einer soziologischen Analyse hinsichtlich der Bedeutung ambulanter Sterbebegleitung ziehen?*

Sterbebegleitung zählt zu den selbst ernannten Aufgabenfeldern moderner Hospize bzw. ähnlicher Einrichtungen und Initiativen. Dementspre-
chend ist die Arbeit weitestgehend geprägt durch einen alltäglichen Umgang mit menschlichen Grenzsituationen, wie sie Sterben und Tod darstellen. Das Einbeziehen praxisnaher Erkenntnisse aus qualitativen Interviews
soll dazu dienen, Teilaspekte des gesellschaftlichen Umgangs mit "dem"
Sterben zu eruieren. Es ist von großem Interesse einzelne Anknüpfungs-
punkte herauszuarbeiten, die sich zwischen den theoretisch-soziologischen
Reflexionen und den Erkenntnissen aus der Hospizarbeit ergeben.

Die eigene Vergänglichkeit im Blick verwischt sich die beobachtende
Perspektive des wissenschaftlich Forschenden. Als sterbliches Lebewesen
steht jeder Mensch bereits mitten im Leben und Sterben. Eine wissenschaftliche Abstraktion zielt bei diesem Gesamtkomplex, der durch hohe
Emotionalität und Mitmenschlichkeit geprägt ist, folglich darauf ab, einen
sprachlichen Zugang mittels systematischer Deutung zu erhalten (Mennemann 2000: 35). Bei allen folgenden Betrachtungen muss immer im Blick
bleiben, dass eine offensichtliche und unüberbrückbare Diskrepanz zwischen dem tatsächlichen und unmittelbaren Erleben bzw. Miterleben des
Sterbens gegenüber der wissenschaftlichen Darstellung und Auseinandersetzung besteht. Die Ambivalenz von direkten, emotionalen Erfahrungen

und den hier relevanten wissenschaftlichen Reflexionen über den Sterbe-
kontext gilt es auszuhalten.

Diese Arbeit ist in zwei große Abschnitte unterteilt, da im Fokus der
Ausführungen sowohl Sterben als soziale Tatsache als auch dessen Begleitung stehen.

Im ersten großen Teil *(Kapitel 2)* stehen allgemeine thanatosoziologische Diskussionen im Vordergrund. So wird im *Kapitel 2.1* ein Einblick in
die Ausgangslage der soziologischen Forschung bezüglich Sterben und Tod
gegeben.

Anschließend *(Abschnitt 2.2)* wird die Analyse vom Todesverständnis
sowie die Deutung des Sterbeprozesses und dessen Facettenreichtum ins
Zentrum gerückt. Fragen werden relevant, die sich z. B. mit dem zeitlichen
Bezugsrahmen des Sterbens beschäftigen.

Unter *Punkt 2.3* wird dem Leser ein Überblick über die quantitative empirische Realität zu Lebenserwartung, Todesursachen und Sterbeorten geboten. Einzelne Entwicklungsprozesse werden erst auf Grundlage dieser demographischen Veränderungen verständlich.

Darauf folgt *Kapitel 2.4* in Form einer soziologischen Zusammenstellung
wesentlicher Aspekte, die den Umgang mit Sterben und Tod in der modernen Gesellschaft kennzeichnen.

Der *Exkurs (Kapitel 2.5)* dient dazu, mittels exemplarischer Standpunkte
einen Einblick in die kontroverse, wissenschaftliche Diskussion um die
Verdrängung von Sterben und Tod zu gewähren.

Mit *Kapitel 3* wird der zweite große Teil der Arbeit eingeleitet. Dieser
beschäftigt sich primär mit Sterbebegleitung, insbesondere durch ambulante Hospizdienste.

In *Kapitel 3.1* werden zunächst die Inhalte und Dimensionen von Sterbebegleitung aus semantischer Perspektive erläutert und von angrenzenden
Begriffen und damit verbundenen Diskursen abgegrenzt.

In *Abschnitt 3.2* beschäftige ich mich mit den Hintergründen der Hospizidee. Dabei gehe ich auf die gegenwärtige Form und Angebotsstruktur sowie auf die inhaltlichen Eckpunkte der ambulanten Hospizarbeit ein.

Im Weiteren *(Kapitel 3.3)* werden die Interviewergebnisse einer kleinen
Fallstudie aus der Stadt Bremen vorgestellt. Besonderer Wert wird auf die
Deskription ambulanter Praxis der Hospizvereine gelegt.

In *Kapitel 3.4* widme ich mich der zusammenfassenden Abbildung der ambulanten Organisationsstruktur von Hospizvereinen und hinterfrage daraus
für die Praxis resultierende Spezifika.

Abschließend werden in *Kapitel 4* wesentliche Akzente der soziologisch
ausgerichteten Sterbebetrachtung in Verbindung mit der Erläuterung des

Begleitphänomens noch einmal zusammengefasst dargestellt. Welche Antworten konnten im Zuge der Arbeit auf die Ausgangsfragen gefunden werden? Wo offenbaren sich Lücken in der Betrachtung? Es geht darum, kritisch Stellung zu beziehen und eventuelle Kurzsichtigkeiten thanatosoziologischer Betrachtungen darzustellen, die in Verbindung mit der hospizlichen Praxis von Sterbebegleitung offen gelegt werden können.

2. SOZIOLOGISCHE ANNÄHERUNG ZU STERBEN UND TOD IN DER MODERNEN GESELLSCHAFT

Im ersten Teil dieser Arbeit wird der Schwerpunkt auf die Diskussion von soziologischen Perspektiven zu Sterben und Tod gelegt. Unter der formulierten Überschrift wird deutlich, dass es sich nicht um einen Gesamtüberblick handelt, sondern die Auseinandersetzungen dienen als Annäherung an einen vielschichtigen Bereich. Der Fokus ist auf Fachdiskussionen in Deutschland gerichtet. Neben einer großen Fülle an Erfahrungs- und Ratgeberliteratur zu Sterben, Tod, Trauer, Sterbebegleitung und Hospizarbeit ist die Zahl relevanter wissenschaftlicher Veröffentlichungen bislang noch vergleichsweise gering.

In der deutschsprachigen Soziologie mangelt es quantitativ an repräsentativen Studien, zusammenhängenden Forschungen sowie an fundierten theoretischen Arbeiten.[1] Vor diesem Hintergrund gilt es einen kursorischen Einblick in thanatosoziologische Wissensbestände, diesbezügliche Perspektiven und Konzepte zu vermitteln.

2.1 Thanatosoziologie – eine eigenständige Wissenschaftsdisziplin?

Unter der Bezeichnung *Thanatologie*[2] hat sich eine eigenständige Wissenschaftsdisziplin zum Thema Sterben und Tod formiert. Sie widmet sich, aus verschiedenen Richtungen kommend, der Vielfalt des Komplexes. So sind die thanatologischen Forschungen durch hohe Interdisziplinarität geprägt.

Wie in jedem wissenschaftlichen Arbeitsgebiet treffen unterschiedlichste Perspektiven, Auslegungen und Analyseebenen aufeinander. Herauszuhe-

---

[1] Vgl. dazu die Ausführungen von Werner Schneider, der durch Recherchen in einschlägigen sozialwissenschaftlichen Datenbanken auf das Missverhältnis zwischen geringer Publikationsdichte zum Themenkomplex Sterben und Tod im Gegensatz zu rund neun Mal so vielen Veröffentlichungen im Bereich Familie, Geburt oder Kind hinweist (Schneider 1999: 16).

[2] Der Name der Wissenschaftsdisziplin ist abgeleitet vom griechischen Gott des Todes: Thanatos (vgl. Feldmann 1990: 8). Forschungsfelder von Thanatologen beziehen sämtliche todesbezogene Themen mit ein. Sie betreffen z. B. Einstellungen zu Sterben und Tod sowie den Umgang damit. Todeskonzepte, die professionelle Auseinandersetzung mit der Betreuung Sterbender oder dem Umgang mit dem Leichnam sowie Bestattungsriten werden ebenfalls betrachtet. Neben den wissenschaftlich tätigen Thanatologen, finden sich z. B. im *Verband Dienstleistender Thanatologen e. V.* (VDT 2003) auch Bestattungsunternehmen unter diesem Terminus zusammen.

ben ist dennoch, dass sich neben MedizinerInnen[3] ebenfalls die gesamte Bandbreite von Geistes- und SozialwissenschaftlerInnen mehr oder minder im Diskurs zusammenfinden. Die Gemeinsamkeit besteht darin, dass Sterben und Tod als Themen ins Zentrum der Betrachtung gerückt werden. Um der universalen Bedeutung von Sterben und Tod im menschlichen Leben gerecht zu werden, ist das Wirken und Zusammenwirken der verschiedenen Fakultäten vonnöten. Doch nur selten sind Spezialdisziplinen, wie sie die Thanatosoziologie darstellt, direkt in die jeweilige Fachrichtung eingebunden.[4] Auch innerhalb thanatologischer Forschung zählt die Thanatosoziologie, die sich eigens mit Sterben und Tod aus soziologischer Perspektive auseinander setzt, zu den eher gering ausgebildeten Spezialbereichen.

Klaus Feldmann, einer von wenigen Autoren in Deutschland, die sich in den letzten Jahrzehnten vermehrt um eine *soziologische* Betrachtungsweise von Sterben und Tod bemüht haben, zieht eine nüchterne Bilanz: „Die derzeitige Forschungs- und Publikationslage lässt es nicht zu, die Situation der deutschen Thanatosoziologie positiv zu beurteilen." Zwar erscheinen durchaus einige thematisch relevante Schriften[5], aber „[...] der Durchbruch zu einer kontinuierlichen und aufbauenden Forschungsarbeit scheint bisher nicht gelungen" (Feldmann 2003: 220). Auch in seiner aktuellen Veröffentlichung unterstreicht Feldmann (2004: 18) nochmals diese Beurteilung. So sind weder im Rahmen der interdisziplinären Thanatologie die Soziologen auffallend vertreten, noch hat sich innerhalb der Soziologie eine *Soziologie des Todes und Sterbens* konstituiert.[6] Gemessen an transparenten überregionalen Arbeitsgruppen, einzelnen Forschungsbereichen oder Instituten zur Thanatosoziologie lässt sich gegenwärtig folgendes Bild festhalten: In der Deutschen Gesellschaft für Soziologie sind diesbezüglich

---

[3] Im Rahmen dieser Arbeit findet die Binnen-I-Schreibweise Anwendung. Grundsätzlich existiert keine einheitliche und verbindliche geschlechtsneutrale Schreibweise. Nicht zuletzt wegen des hohen Frauenanteils in der Hospizarbeit erschien mir allerdings diese Ausdrucksform notwendig.

[4] Reinhard Schmitz-Scherzer verweist zudem auf methodische Defizite und Schwierigkeiten thanatologischer Forschung, da bislang auf die bewährten Techniken der angestammten Basisdisziplinen zurückgegriffen wird (Schmitz-Scherzer 1992b: 10). Grundsätzliche Probleme und Widerstände, die eine Erforschung des Sterbens erschweren, stellt Fritz Luley heraus (Luley 2001: 38).

[5] Einzelne Werke stellen z. B. Schneider (1999) sowie Streckeisen (2001) dar. Einen Überblick über ausgesuchte, relevante Werke aus den letzen 20 Jahren erhält man durch Rainer E. Wiedemann (1992).

[6] Doch vor dem Hintergrund der nationalen Etablierung der Hospizbewegung scheint sich m. E. ein zunehmendes Interesse abzuzeichnen, das sich auch in soziologisch orientierten Betrachtungen rund um die gesellschaftliche Situation Sterbender sowie die hospizliche Praxis niederschlägt.

keine spezialisierten Arbeitsgruppen transparent.[7] In Deutschland hat sich formal kein Zentrum thanatosoziologischer Forschung entwickelt. Auch ein themenzentrierter Sonderforschungsbereich, wie dies etwa im Hinblick auf andere spezielle Soziologien der Fall ist, scheint nicht begründet.[8] Eine zusammenhängende, schwerpunktmäßig soziologisch orientierte Sterbeforschung ist wissenschaftlich nicht verankert, auch wenn das "Problem" Tod, die Endlichkeit des menschlichen Lebens, für SoziologInnen keine völlig fremde Thematik darstellt.[9] Diskussionen zum Themenkomplex Sterben und Tod berühren nicht nur, sondern verlaufen nahezu quer zu soziologischen Teildisziplinen, zu denen u. a. die Religions- und Wissenssoziologie oder die Soziologie des Lebenslaufes zählen (Feldmann/Fuchs-Heinritz 1995: 18). Dennoch bleibt festzuhalten, dass die Betrachtung des Sterbens in der Soziologie kein „prominentes Thema" ist (Schneider 1999: 16f). Die Auseinandersetzung mit Erfahrungen zur Endlichkeit des menschlichen Lebens, kulturellen und sozialen Definitionen des Sterbevorganges, der sozialen Organisation desselben, dem gesellschaftlichen Stellenwert von Sterbenden und deren Angehörigen erfahren als Themen noch zu geringe Beachtung und Wertschätzung. So wundert es wenig, wenn SozialwissenschaftlerInnen hinsichtlich gesellschaftlich relevanter Entscheidungen zum Sterbebereich keine bedeutsame Rolle spielen[10] (vgl. Feldmann 1990: 8f).

Durch die bislang geringe fachspezifische Ausdifferenzierung besteht die Chance, den stark interdisziplinären Charakter der Thanatologie auch im Rahmen einer stärker ausgebauten soziologischen Forschung zu erhalten.

Ein systematisierter Einblick in thanatosoziologische Diskurse ist trotz bzw. gerade wegen der vergleichsweise geringen Publikationsdichte nur schwer zu gewinnen. Aufgrund heterogener theoretischer Ansätze, einer relativ geringen Anzahl empirischer Untersuchungen und einem wenig gesicherten Erkenntnisstand, offenbart sich eine lückenhafte Ausgangslage.

---

[7] Vgl. hierzu die Internetseite der *Deutschen Gesellschaft für Soziologie* (DGS 2001) mit der Übersicht ihrer einzelnen Sektionen.

[8] Lediglich im *Interdisziplinären Arbeitskreis Thanatologie* (IAK 2003) an der Universität Mainz und der Schriftenreihe „Studien zur interdisziplinären Thanatologie" erscheinen soziologisch orientierte Forschungen transparent.

[9] Als Grundkonstanten menschlichen Lebens berührten Sterben und Tod auf unterschiedliche Weise soziologische Denktraditionen. So verweisen die Herausgeber Werner Fuchs-Heinritz und Klaus Feldmann auf verschiedene Werke soziologischer Klassiker und deren jeweiligen Bezug zu Sterben und Tod. In einzelnen Aufsätzen werden z. B. die Ansätze von Auguste Comte, Georg Simmel, Èmile Durkheim, Max Weber oder Talcott Parsons näher beleuchtet (Feldmann/Fuchs-Heinritz 1995).

[10] Traditionell sind es andere Bereiche, wie z. B. die Medizin, die hier eine Vorreiterrolle innehaben.

Feldmann beschreibt das Stadium der bisherigen soziologischen Auseinandersetzungen um Sterben und Tod folgendermaßen:

„Das Thema ist institutionell kaum verankert, in Studiengängen, in Stellendefinitionen in professionellen Gruppen. Aus diesem und auch aus anderen Gründen ist es für junge Soziologinnen und Soziologen wahrscheinlich riskant, sich mit Sterben und Tod zu beschäftigen. Ein weiterer Aspekt der Verunsicherung ergibt sich aufgrund der heterogenen Forschungslage, d. h. Sterben und Tod wurde von Soziologen mit unterschiedlichen theoretischen Ansätzen und Bezügen als Thema aufgegriffen" (Feldmann 2003: 214).

Diese problematische Ausgangslage erwächst nicht allein aus der allgemein defizitären Forschungslage und der geringen institutionellen Verankerung. Sie ist weiterhin darauf zurückzuführen, dass der Umgang mit Sterben und Tod sich nicht einfach in einer abstrakten Theorie zusammenfassen lässt, sondern „[...] die Summe der konkreten persönlichen Erfahrungen darin doch nicht wiederzufinden [sind]" (Fischer 1997: 13). Zudem werden moralethische Aspekte ins Feld geführt, die die wissenschaftliche Erforschung Sterbender in ihrer letzten Lebenssituation in Frage stellen (Luley 2001: 38). So bedarf es scheinbar einer ausdrücklichen Legitimation, den Sterbeprozess untersuchen zu dürfen.[11]

Feldmann verweist im Anschluss an Luhmanns funktionale Systemtheorie auf die Transformation der Grundprobleme um Tod und Sterben in die jeweiligen systemspezifischen Codes (z. B. Preise, Macht, Wahrheit). Die ausdifferenzierten gesellschaftlichen Subsysteme (z. B. Politik, Recht, Bildung, Ökonomie, Medizin) bearbeiten die Todes- und Sterbethematik notwendiger Weise nach je eigenen Codierungen. Am Beispiel der Wissenschaft verdeutlicht er, dass es nicht möglich ist, z. B. direkt Gefühle mit einzubeziehen. Sie müssen erst in die entsprechenden, wissenschaftlichen Begrifflichkeiten und Theorien umgeformt werden. Ähnlich verhält es sich mit anderen Systemen. Betrachtungen von Sterben und Tod spiegeln somit nicht *das* Sterben und *den* Tod wider, sondern nur die in dem jeweiligen Kontext üblichen „Übersetzungen" des einen Phänomens (vgl. Feldmann 1997: 9). Übergreifende Betrachtungen werden insgesamt erschwert.

---

[11] Es bleibt aus meiner Sicht fraglich, worin die tatsächlichen Hintergründe einer ablehnenden Haltung gegenüber der wissenschaftlichen Erforschung des Sterbeprozesses bestehen. Was steht einer sozialwissenschaftlichen Untersuchung entgegen, wenn Sterbende in Krankenhäusern vielfache Behandlungsprozeduren erleben? Sofern die Zustimmung vorliegt und die Intimsphäre sowie die individuellen Besonderheiten dieser Lebenssituation von den wissenschaftlich Betrachtenden berücksichtigt werden, sehe ich keine Einwände gegenüber Interviews mit Sterbenden und deren Angehörigen o. Ä.. Da aber auch der forschende Akteur sterbliches Wesen ist, steht im Zuge einer tief greifenden Auseinandersetzung die Konfrontation mit eigenen Ängsten bezüglich des Sterbeprozesses.

Welcher Begrifflichkeiten und konzeptionellen Rahmungen bedient sich nun eine soziologische Thanatologie, um sich Zugänge zu den anthropologischen Fakten Sterben und Tod zu eröffnen? Werner Schneider ermittelt dazu drei „Stoßrichtungen"[12], die im Folgenden knapp umrissen werden (Schneider 1999: 20ff). Sie prägen implizit die weiteren inhaltlichen Ausführungen dieser Arbeit.

Die *erste Richtung* wird im weitesten Sinne durch die Ausführungen im Kapitel 2.3 abgedeckt. Sterben und Tod werden als „[...] *soziale Tatsachen* im Sinne von kollektiven Phänomenen auf aggregiertem Datenniveau [..] [Herv. im Orig.; Anm. TM]" bearbeitet. Der Tod gilt als physisches Problem, das empirisch messbar ist. Bei den beiden anderen Zugangsmodi steht jeweils das Verständnis vom Sterben als Prozess im Vordergrund.

Eine *zweite Richtung* interessiert sich primär für Vorstellungen, Einstellungen zu Sterben und Tod und deren Sinngebung im Rahmen gesellschaftlicher Erfahrungen. Ein Großteil der in der Arbeit verwendeten Literatur steht im Kontext dieser Tradition. Diesbezüglichen Definitionen und Konzepten wird in den Kapiteln 2.2 und 2.4 nachgegangen.

Um die Beobachtungen und Analysen konkreter sozialer Praktiken dreht es sich in der dritten Richtung. Der Fokus ist auf direkte Interaktionen mit Sterbenden gerichtet. So z. B. in den Veröffentlichungen von Glaser und Strauss über die Bewusstseinskontexte von Sterbenden (Glaser/Strauss 1965) oder David Sudnow, der zur Organisation des Sterbens im Krankenhaus eine Untersuchung vorlegte (Sudnow 1973 [1967]). Mit Blick auf die Praxis ambulanter Hospizarbeit spielt diese dritte Richtung, der konkrete Umgang mit Sterbenden, im Kapitel 3 eine zentrale Rolle.

Im weiteren Verlauf der Arbeit gilt es mittels kursorischer Ausführungen das Thema sukzessive einzugrenzen, wichtige Aspekte wiederholt aufzugreifen und Schwerpunkte zu setzen.

---

[12] Feldmann verweist mit Blick auf andere Kategorien darauf, dass diese Stoßrichtungen nur *eine* mögliche Strukturierungsoption des Themenkomplexes Sterben und Tod darstellen (Feldmann 2004: 19; 2003: 215).

2.2 Analytische Betrachtungen von Konzepten, Definitionskriterien und -problemen zu Sterben und Tod

Im sprachlichen Gebrauch sind *Sterben und Tod* als semantische Einheiten eng aneinander gekoppelt. Wird vom Sterben gesprochen, spielt das Todesphänomen implizit eine Rolle und vice versa. Diese gegenseitige Bezogenheit erschwert eine differenzierte Betrachtung, denn zweifelsohne steht der Sterbevorgang im engeren Sinne unter den Vorzeichen des nahenden (biologischen) Todes.

Aus analytischer Sicht ist es allerdings zweckmäßig auf grundlegende Unterscheidungen sowie Begriffsebenen hinzuweisen. So dienen die nachfolgenden Ausführungen dazu, Orientierungskriterien aufzuzeigen, die das gegenwärtige soziale Verständnis von Tod und Sterben widerspiegeln.

Es gilt, einen soziologischen Blick auf einschlägige Differenzierungskriterien zu richten. Dabei tritt die Notwendigkeit einer interdisziplinären Betrachtung zutage. Es werden folglich Überschneidungen mit philosophischem Gedankengut zu Sterben und Tod deutlich. Die hier einzuführenden Kategorien stehen als Orientierungsmuster in Verbindung mit der sozialen Konstruktion von Definitionen und Deutungen. So ist das Verständnis[13] vom Sterben, d. h. vom Leben und vom Tod, ein Produkt der in einer Gesellschaft, zu einer spezifischen Zeit, vorherrschenden kulturellen, sozialen, politischen, ökonomischen und technischen Vermittlungsmechanismen (vgl. Feldmann 1997: 8/ Schneider 1999: 11ff). In unserer pluralen, ausdifferenzierten Gesellschaft existiert keine einheitliche Begriffsdeutung von Sterben und Tod, schon gar keine wissenschaftliche. Für Forschende gilt es daher unterschiedliche Kriterien systematisiert darzustellen und dabei auf Zusammenhänge und Grenzen der Deutungen aufmerksam zu machen.

2.2.1 Deutungsversuche und Todesvorstellungen

Der Eintritt des Todes bezieht sich primär auf ein Ereignis, das durch die Abwesenheit vom weltlichen bzw. irdischen Leben gekennzeichnet ist. Es gibt verschiedenste kulturelle, religiöse, historische Deutungen und Inter-

---

[13] Sofern man überhaupt von *einem* Verständnis ausgehen kann, denn wie unter Kapitel 2.1 bereits dargelegt, werden in einer funktional ausdifferenzierten modernen Gesellschaftsform Sterben und Tod je nach System unterschiedlichen Lösungen zugeführt.

pretationen vom Tod.[14] Ist Leben (Ich-) Sein so charakterisiert der Tod, wie Anja Bednarz es ausdrückt, die „radikale Form des Nicht-mehr-seins" (Bednarz 2003: 9). Reinhard Schmitz-Scherzer beschreibt den Tod ganz allgemein als *Grenzphänomen*. Der Tod kennzeichnet die Grenze des irdischen Lebens und führt hinüber zu einem transzendenten Dasein oder er besiegelt, wie es in modernen, kulturellen Vorstellungen stark verankert ist, den endgültigen Abschluss des Lebens (Schmitz-Scherzer 1992a: 543f). Der gesamte biographische Lebensverlauf, insbesondere aber der Prozess des Sterbens erhält seine Brisanz durch die Unverrückbarkeit des individuellen Todes. Der besondere Status des Lebens entfaltet sich in Anbetracht des Todes. Mit ihm vergehen personale und soziale Identität eines Individuums (Mischke 1996: 20). Während die Geburt den Eintritt sichert, setzt der Tod das Ende des sozialen Lebens. Auffallend ist, dass der Tod im Gegensatz zur Geburt, einer weitgehenden negativen Konnotation unterliegt (vgl. Ariès 1982 [1978]: 777/ Mischke 1996: 10). Marianne Mischke sieht sowohl in der Geburt als auch im Tod zwei Akte, die nicht durch subjektiven Willen geprägt sind. „Geburt und Tod sind gleichermaßen unfreiwillig" (Mischke 1996: 10).

Nach modernen, säkularen Vorstellungen ist der Tod als Ereignis nicht erfahrbar (vgl. Mennemann 2000/ Nassehi 1992). Diese Auffassung deckt sich mit Aussagen von Feldmann. Er unterscheidet zwischen Todesvorstellungen und dem real existierenden Todesereignis. Das Gesicht des *realen* Todes, um es metaphorisch auszudrücken, offenbart sich in Form von Toten (Feldmann 1997: 19). Ein verstorbener Anderer markiert den Tod im eigenen Leben.[15]

In den Ausführungen der Autorin Mischke wird darauf hingewiesen, dass sich der Tod nicht definieren lässt. Er wird als Negation des Lebens angesehen, sodass sich jede Sinnfrage hinsichtlich der Grenze Tod, rückbezieht auf die Sinngebung[16] des Lebens (Mischke 1996: 14). Mit der

---

[14] Zu sich wandelnden historischen Todeskonzepten, -metaphern, -bildern finden sich detaillierte Ausführungen z. B. in: Ariès (1982 [1978]), Mischke (1996), Fuchs (1969) oder Weber (1994). Im weiteren Verlauf der Arbeit steht vor allem das Sterben im Kontext ambulanter, hospizlicher Sterbebegleitung im Blickpunkt des Interesses, daher wird nur beschränkt auf einzelne historische Wandlungsprozesse eingegangen.

[15] Der Bedeutung von Nahtodeserfahrungen (NDE – Near Death Experience) für das Verständnis des (eigenen) Todes wird an dieser Stelle nicht weiter nachgegangen. Sie können jedoch ausgelöst werden durch reale oder psychische Todesnähe und verstärken vielfach den Glauben an ein Leben nach dem Tod (Schröter-Kunhardt 2002: 719).

[16] Die Bedeutung von *Sinn* ist eng an die Bedeutsamkeit der Existenz des eigenen Lebens gekoppelt. Norbert Elias verweist auf verschiedene Bedeutungsebenen von Sinnhaftig- oder Sinnlosigkeit. Einerseits bezieht er sich auf die recht klar zu fassende Wirksamkeit, die das eigene Leben z. B. für andere hat und umgekehrt. Andererseits deutet Elias die Schwierigkeit des

Nichterfahrbarkeit deutet sich neben der Sinnfrage auch das Problem der sprachlichen Begrenztheit an. Wie lässt sich etwas semantisch transportieren, wenn es als außerhalb menschlicher, erfahrbarer Realität liegt?

„Über den Tod zu sprechen ist nur möglich in Form von einer Übertragungsleistung. Der Tod kann nur metaphysisch übersetzt werden, da der Mensch ihn nicht kennen kann. Doch die Metapher ist die einzige Verbindungsstelle zwischen Leben und Tod. Sie fixiert keine Wahrheiten, sondern umschreibt sie, Sie überträgt etwas aus einer Ordnung in eine andere, wobei der Prozeß der Übertragung wichtiger ist als das Produkt [sic]" (Mischke 1996: 17).

Demzufolge ist es *nicht* unmöglich über den Tod zu sprechen, es ist auch *nicht* unmöglich sich diesen vorzustellen, doch verbleiben die Vorstellungen auf der Ebene von Konzepten, Annahmen und auf der einer metaphorischen Sprache. Symbole, Zeichen und Rituale spielen hier eine bedeutsame Rolle.

Die Sinngebung des Todes ist eng gekoppelt an den Sinn des Lebens. In der Auseinandersetzung mit der Endlichkeit des Lebens intensiviert sich die grundlegende Frage nach dem Sinn im Leben. In früheren Gesellschaftsformen wurde die allgemeine Sinndeutung wesentlich stärker von gesellschaftlichen Institutionen übernommen. Durch die Trennung von Staat und Kirche, d. h. der Loslösung religiöser Lehren von staatlichen Instanzen, fällt diese Form der allgemein gültigen, sinnstiftenden Vermittlung weg.

Andere Deutungsmuster, durch die das Todesereignis differenziert und strukturiert werden kann, bilden z. B. der *eigene* Tod, der Tod *anderer* und der *allgemeine (kollektive)* Tod (Feldmann 1997: 10f).

---

individualisierten Subjektes an, selbstreflektierend einen unabhängigen Sinn in der eigenen Existenz zu suchen (Elias 1982: 84f).

Tab. 1 Deutungskategorien des Todesbegriffes

Kategorie	Eigener Tod	Tod des Anderen	Allgemeiner Tod
Erfahrbarkeit/ Erläuterung	Subjektiv nicht erfahrbar, äußert sich aber im Denken an den eigenen Tod	Verlust von (Bezugs-) Personen ist erfahrbar	Sammelkategorie des kollektiven Todes
Bezugsebene	Tod des Subjektes, des Ich`s	Tod einzelner Individuen	Tod von Kollektiven, sozialen Gebilden
Relevanz	Im Kontext eines individualisierten und institutionalisierten Lebenslaufs auch auf gesellschaftlicher Ebene	Gesellschaftlicher und individueller Umgang mit den jeweils Sterbenden	Wird relevant bei Kriegen, Untergang sozialen Gebilden und ähnlichen kollektiv ausgerichteten Katastrophen

Quelle: vgl. Feldmann 1997: 11ff

Der Tod einzelner Individuen, auch der eigene Tod sind für die weitere Existenz einer gesamten Gesellschaft, als sozialem Gefüge, von geringer Bedeutung.[17] Das bedeutet nicht, dass sich mit dem Todesereignis, respektive durch den vorgelagerten Sterbeprozess keine strukturellen Anforderungen an die Gesellschaft stellen. Im Gegenteil: Neben der individuellen Situation bedingt die gesellschaftliche Normierung und Verhandlung des Todes gegenwärtige Umstände sterbender Individuen.

Auf mikrostruktureller Ebene stellt der *Tod des Anderen*, sei es im familiären Zusammenhang oder im direkten sozialen Umfeld, für die weiter lebenden Subjekte ein wesentliches, lebenseinschneidendes, vor allem existenzielles Ereignis dar. Sowohl die Bedeutung des eigenen Sterbens, als auch der Tod anderer Personen erhält aus subjektiver Perspektive einen weitaus höheren Stellenwert als aus gesellschaftlicher (Feldmann 1997: 34).

Aspekte der Sammelbezeichnung *Allgemeiner Tod* spielen im Hinblick auf das zivile Sterben und dessen Begleitung keine bedeutende Rolle und können daher vernachlässigt werden.[18]

---

[17] Anzumerken ist hier m. E., dass der Tod einzelner Akteure, wie z. B. von Führungspersonen, Machtinhabern etc. durchaus für das Weiterbestehen gesellschaftlicher Zusammenhänge von Relevanz sein kann.
[18] Inhaltlich wird die Kategorie *Allgemeiner Tod* von Feldmann diskutiert. Dabei werden u. a. Aspekte des physischen und sozialen Tötens beleuchtet (Feldmann 1990: 162ff).

22

2.2.2 Sterben – ein Lebensprozess

Wird der Tod als Grenz*ereignis* verstanden, so beschreibt das Sterben einen *prozessualen* Vorgang *im* Leben. In alltagsweltlichen Zusammenhängen steht Sterben synonym für den letzten Lebensabschnitt. Das Individuum *lebt* auch im Sterben, es nimmt auf seine Weise am Leben teil. Leben und Sterben sind keine gegensätzlichen Pole. Sie schließen sich nicht aus, sondern Sterben heißt Leben und zu leben bedeutet auch gleichzeitig zu sterben bzw. sterben zu müssen.

Der Sterbeprozess ist im Zusammenhang mit dem Leben ein gestaltbarer Prozess und keine statische Phase. Armin Nassehi beschreibt diesen Aspekt wie folgt:

„Da das Sterben als sozialer Prozeß ein lebensimmanentes Geschehen ist und da soziale Prozesse stets von der Kontingenz menschlicher Gestaltbarkeit geprägt sind, ist die Gestaltung des Sterbens und der Umgang mit Sterbenden und Toten ein genuiner Bestandteil einer jeden menschlichen Lebensform [sic]" (Nassehi 1992: 13).

Der Gestaltung des einzelnen Sterbeprozesses fällt mit Blick auf den körperlichen, seelischen und sozialen Zustand und Prozess, in dem sich der oder die Sterbende befindet, eine spezielle Rolle zu. Unterschiedliche Akteure, wie z. B. Angehörige der Familie oder Freunde sowie sozialstaatliche Einrichtungen des Gesundheits- und Pflegesektors stehen hier in der Verantwortung.

Im Kontext der Gestaltungsmacht des Prozesses stellen sich Fragen zu einem autonomen, menschenwürdigen und begleiteten Leben im Sterben. Sterben, zu den Grundkonstanten menschlichen Lebens gehörend, ist an sich ist weder unmenschlich, noch folgt es einem bestimmten Modell. Allein die gestaltbaren Bedingungen können als menschenunwürdig, als inhuman deklariert und beschrieben werden. Sie sind somit veränderbar. Randolph Ochsmann weist nachdrücklich daraufhin, dass der Sterbeprozess keinem bestimmten Muster folgt (Ochsmann 1994: 189). Selbst die Arbeiten von Elisabeth Kübler-Ross (vgl. Kübler-Ross 1994 [1971]), einer Pionierin auf dem Gebiet der Sterbeforschung, dienen mehr als Orientierungsmuster und Anhaltspunkte zum besseren Verstehen und offenen Kontakt mit Sterbenden. Sie hat anhand zahlreicher Interviews mit sterbenden Personen ein vierphasiges Modell entwickelt, welches *eine* Möglichkeit bietet, den tatsächlichen Sterbeprozess mit einhergehenden Befindlichkeiten der sterbenden Person stufenweise zu beschreiben.[19] Um die Fakto-

---

[19] In der stufigen Betrachtung des Sterbeprozesses sehen viele Forschenden ein Problem. Sie kritisieren, dass dadurch ein naiver, simplifizierender Zugang zu Sterbenden unterstützt wird.

ren, die Sterbenden Beschwerden verursachen und sie belasten, zu identifizieren, gilt es, sich auf das individuelle Leben, die biographische Konstruktion und Verortung im sozialen Umfeld einzulassen (vgl. Schmied 1994: 164f).

Das Verständnis vom Leben und Sterben gilt als sozial vermitteltes Wissen. Alois Hahn sieht das Wissen um den eigenen Tod als ein Produkt sozialer Erfahrung.[20] Der Tod und das Sterben anderer lassen die eigene Sterblichkeit, den zukünftigen eigenen Tod als *Gewissheit* erfahrbar werden. Dabei ist das kognitive Wissen ab einem bestimmten Alter als universal anzusehen. Neben diesem Wissen bildet sich eine emotionale, das Denken und Fühlen prägende, Gewissheit der eigenen Sterblichkeit heraus. Diese beruht auf dem Grad, wie die eigene Identität durch das Sterben anderer, mir vertrauter Personen berührt wird (vgl. Hahn 1968: 59ff). Vor diesem Hintergrund deutet sich an, dass die moderne Errungenschaft des „seltenen Sterbens" nicht konsequenzlos für gesellschaftliches Leben sein kann (Schmied 1985: 24/ Elias 1982).

Sowohl der Tod als unerfahrbares, sich der Vorstellungskraft entziehendes Ereignis, als auch der Prozess des Sterbens sind mit Rekonstruktionsproblemen besetzt. Diese ergeben sich aus den sich unterscheidenden Zukunftsperspektiven der sterbenden Person und der Menschen im Umfeld. Nicht selten gehen Rekonstruktionsdefizite mit Kommunikationshindernissen einher. Wie kann das Todesereignis, für das eine Subjekt durch den eigenen Tod besetzt, für das andere durch den Verlust der Beziehungsperson gekennzeichnet, im Sterben und in der Begleitung zu einer sinnhaften, gemeinsamen Sprache führen?

Schneider weist mit Bezug auf Thomas Macho[21] auf das „Kommunikationsproblem" Tod hin. Fragen zur Sinnhaftigkeit des Todes und zu dessen Unerfahrbarkeit im menschlichen Dasein, weisen für eine allgemeine und wissenschaftliche sowie speziell soziologische Betrachtung Grenzen auf. Schneider führt dazu an:

„Spätestens dann, wenn der Sterbende aus dem Kommunikationszusammenhang seiner sozialen Wirklichkeit herausgefallen ist, besteht auch keine Möglichkeit mehr, die soziale Wirklichkeit *aus den Perspektiven aller Beteiligten – also auch*

Zur Kritik am Phasenmodell von Kübler-Ross schreibt z. B. der Thanatopsychologe Ochsmann (1992: 186).

[20] Gegenteiliger Auffassung scheint hier z. B. der Kulturwissenschaftler Thomas Macho. Aus einer philosophisch-anthropologischen Perspektive ist der Tod, vor allem der Sterblichkeitsgedanke, bereits bewusst, gewissermaßen unabhängig von der Möglichkeit der Erfahrung des Todes als empirisches Phänomen (Macho 1987: 80f).

[21] Der Kulturwissenschaftler Thomas Macho beschäftigt sich in seinem Buch „Todesmetaphern" mit der Logik von Grenzerfahrungen (Macho 1987).

aus der des Sterbenden – zu rekonstruieren, sondern nur noch aus der Perspektive der (Weiter-) Lebenden [Herv. im Orig.; Anm. TM]" (Schneider 1999: 19).

Die Kommunikation über den eigenen Tod meint immer etwas Zukünftiges. Der Sterbeprozess ist aus individueller Perspektive nur einmal erfahrbar und so nie aus einer subjektiv retrospektiven Perspektive beforschbar. Der Sterbende selber kann nach seinem Tod keine Auskunft mehr geben. Die Weiterlebenden erfahren diesen Prozess und die Veränderungen mit dem Sterbenden mitten in ihrem eigenen Leben. Der Schweizer Peter Noll schreibt in seinen Tagebuchaufzeichnungen zu diesem Aspekt:

„Das Gespräch zwischen einem, der weiss, dass seine Zeit bald abläuft, und einem, der noch eine unbestimmte Zeit vor sich hat, ist sehr schwierig. Das Gespräch bricht nicht erst mit dem Tod ab, sondern schon vorher. Es fehlt ein sonst stillschweigend vorausgesetztes Grundelement der Gemeinsamkeit [sic]" (Noll 1984: 10).

Die Vorstellungen über den Sterbeprozess, wie er sich auch aus der Begleitungsperspektive darstellt, sind angesichts derartiger Erkenntnisse deutlich vom eigentlichen Sterben und den damit verbundenen Erfahrungswerten zu differenzieren (vgl. Rest 1998: 32/ Dreßel et al. 2002: 23f).

2.2.3 Multidimensionalität des Sterbeprozesses

Bislang wurde die Prozesshaftigkeit des Sterbens herausgestellt. Der Sterbevorgang markiert dabei einen letzten Lebensprozess, der auf das Ereignis Tod hinführt und darin seinen Abschluss findet. Dieses Charakterisierungskriterium allein genügt nicht, um die Vielschichtigkeit des Prozesses zu erfassen. Denn das Verständnis des Sterbeprozesses kann entweder sehr weit ausgelegt werden oder aber sich sehr eng an den biologischen, medizinischen Bestimmungen orientieren.

Welche Formen oder Dimensionen des Sterbens lassen sich analysieren? Welche Probleme ergeben sich daraus? Der Sterbeprozess bleibt mit Verweis auf die Todesstrukturierung in Tabelle 1 ausschließlich auf die Individualebene bezogen.

Erich H. Loewy fokussiert in seiner Erörterung über die Schwierigkeiten das Lebensende begrifflich eindeutig zu fassen, den Unterschied zwischen dem biologischen „am Leben sein", im Sinne einer körperlichen Funktionalität, und dem biographischen, sozialen „ein Leben haben", im Sinne von Gefühlen, Gedanken, Handlungschancen. Er geht von einer zweifach dimensionierten Vorstellung des Lebens und folglich des Sterbens aus. In der

Auseinandersetzung mit ethischen Fragen[22], die das Lebensende betreffen, betont er die Bedeutung dieser Differenzierung. Denn *am Leben* zu *sein*, bedeutet aus subjektiver Perspektive nicht automatisch auch ein *Leben* zu *haben*. Aber um ein *Leben* zu *haben*, muss man gewissermaßen auch am *Leben sein* (Loewy 2000: 16ff).

Unter SozialwissenschaftlerInnen besteht Übereinstimmung dahingehend, dass der Sterbeprozess nicht auf den physischen Zusammenfall des Organismus reduziert werden kann (Weber 1994: 308). Gerade die Multidimensionalität vom Leben und Sterben wird hervorgehoben. Leben und Sterben sind sowohl durch körperliche als auch psychische und soziale Entstehungs- und Zerfallsprozesse gekennzeichnet.

In Diskursen über das Sterben spielt der physische Sterbeprozess – zunehmend aber auch das psychische Sterben z. B. bei Demenz- und Alzheimererkrankten – eine herausragende Rolle. So steht die körperliche Degeneration der Menschen unter besonderem Zugriff des medizinischen und pflegerischen Fachgebietes und wird dominiert von den jeweiligen Kriterien. Die gesellschaftliche Rahmung medizinischer Bestimmungen und Handlungsorientierungen, so z. B. im Falle des Hirntodes, spiegelt sich in gegenwärtig diskutierten Todesvorstellungen wider.[23]

Krankheit, Verlust körperlicher Funktionen, kurz: Physiologische Sterbeprozesse allein, erfassen aber den Sterbeprozess nicht abschließend und sollten nicht als "das reale" Sterben verstanden werden, denn die psychologischen und sozialen Aspekte des Sterbens sind ebenso bedeutsam. Sie dürfen neben den bio-physiologischen Zusammenhängen nicht vernachlässigt werden (vgl. Sauer-Burghard 2001/ Feldmann 1998a/ Feldmann 1997). Feldmann verweist nachdrücklich darauf, dass die von ihm als wesentlich herausgearbeiteten Formen des Sterbens und die jeweilige Todesform keinen natürlich gegebenen Tatsachen entsprechen, sondern als „soziale Tatsachen" aus sozialen Konstruktionsvorgängen hervorgegangen sind (Feldmann 1998a: 95).

In Anlehnung an den in westlichen Kulturkreisen vorherrschenden Leib-Seele-Dualismus leitet Feldmann die physische, psychische und sozi-

---

[22] Hier sind insbesondere Fragen angesprochen, die darauf abzielen, wem welche Entscheidungsrechte zugebilligt werden. Im medizinischen Kontext räumt er der Frage: „Wer ist hier berechtigt, die Entscheidung, was getan werden sollte, zu treffen?" gegenüber dem „Was sollen wir tun?" oberste Priorität ein (Loewy 2000: 17).

[23] Werner Schneider beschäftigt sich in seinen diskursanalytischen Ausführungen, vor dem Hintergrund Foucault`schen Gedankengutes, mit der modernen Todesordnung, die sich an der öffentlichen Diskussion um Hirntod und Organtransplantation in Deutschland ablesen lässt (Schneider 1999).

ale Form des Sterbens ab.[24] In Abbildung 1 sind nun diese drei identitätsstiftenden Elemente im Leben und Sterben als graphisch reduzierte, idealtypische Verteilung dargestellt.

Abb. 1 Formen des Sterbens

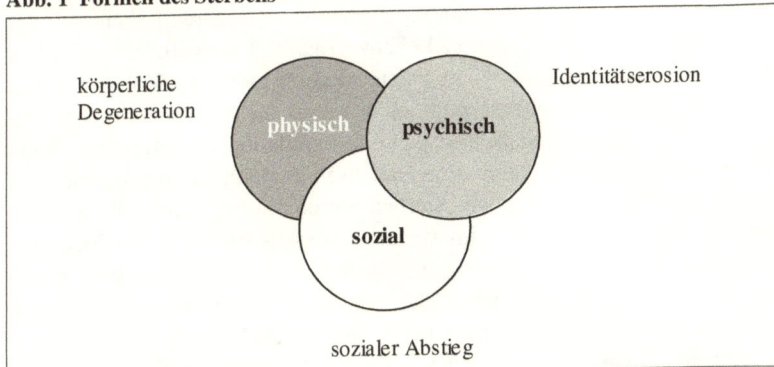

körperliche Degeneration

physisch

psychisch

sozial

Identitätserosion

sozialer Abstieg

Quelle: vgl. Feldmann 1998a: 95

Physisches, psychisches sowie soziales Leben und Sterben entfalten ihre Wirkung meist parallel. Allerdings treten die Sterbe*formen* auch separat in Erscheinung. Sie treten keinesfalls zwingend als synchrone Vorgänge auf.

SoziologInnen haben sich bislang verstärkt dem Bereich des *sozialen* Sterbens zugewendet. Die Diskurse darüber nehmen vielfältige Gestalten an und sind keineswegs, wie man vielleicht vermuten mag, speziell auf die soziale Isolierung Sterbender in institutionellen Versorgungsstrukturen (vgl. Sudnow 1973 [1967]) respektive den konkreten Sterbeprozess begrenzt. Feldmann zählt Termini, wie z. B. Pensionierung, Dauerarbeitslosigkeit, Vereinsamung, Marginalisierung, Ausgliederung zu sozialen Vorgängen, die die Wesensmerkmale von sozialen Sterbeprozessen treffen. Demnach markiert der Akt des sozialen Sterbens vorrangig den Verlust an Status- und Rollenmerkmalen. Der Autor verweist zudem auf den gravierenden Verlust an Partizipationsoptionen in einer Gesellschaft. Es zählt zum gegenwärtigen Kenntnisstand, dass die Form des sozialen Sterbens unter modernen Bedingungen dem physischen Sterbeprozess vorgelagert ist (vgl. Feldmann 1998a: 95f/ Feldmann 1998b: 15/ Schmitz-Scherzer 1992: 17).

Vor dem physischen Tod steht heute in weiten Teilen der soziale Tod. Das Leben eines einzelnen Individuums steht nicht nur unter den Vorzei-

---

[24] Der Seele-Begriff ist hier weitestgehend mit dem soziologischen Verständnis von personaler und sozialer Identität zu übersetzen (Feldmann 1990: 21).

chen physischer Sterblichkeit, sondern auch unter der Bedrohung durch den sozialen Tod. Wobei letzterer durchaus reversibel ist, was vom physischen Tod, mit Abbruch aller körperlichen Funktionen nicht behauptet werden kann.[25] Anders formuliert sieht Mischke im physischen Sterben letztendlich das manifestiert, was sich bereits im Verlauf des gesamten Lebens mit der „Lädierung und Zerstörung von Lebensverhältnissen" vollzieht (Mischke 1996: 10). Dennoch ist es wichtig den Alterungsprozess nicht per se mit sozialem Sterben gleichzusetzen, auch wenn aus gesellschaftlicher, erwerbsarbeitszentrierter Sicht eine gewisse Parallelität zutreffend sein kann (Feldmann 1997: 85).[26] Durch eine Gleichsetzung von Altern, Ausstieg aus dem Berufsstatus und sozialem Sterben würde ein negatives Bild erzeugt, dass die Chancen, die auch im sozialen Sterben liegen, missachtet. Aus subjektiver Perspektive kann soziales Sterben auch als befreiendes Element begriffen werden. Ferner sieht Feldmann im sozialen Sterben eine „weiche" Alternative zum physischen Töten (vgl. Feldmann 1998a).

Allerdings wird die psychische Form des Sterbens bei Feldmann nicht näher beleuchtet. Seine Ausführungen konzentrieren sich im Wesentlichen auf die sozialen Prozesse sowie den körperlichen Akt des Sterbens. Es scheint allerdings wichtig, psychisches Sterben nicht nur psychologischen Fragestellungen zuzuordnen. Es steht im engen Zusammenhang mit sozialen Vorgängen. Psychisches Sterben bezieht sich vor allem auf erodierende Elemente hinsichtlich der Konstruktion einer eigenen Identität.

Der Soziologe Joachim Weber kritisiert die starke Fokussierung der thanatologischen Forschung auf das „reale" Sterben, das mit dem physiologischen Tod endet. Soziales Sterben hat sich unter diesem Blickwinkel in der modernen Gesellschaft zu einem Begleit- bzw. Vorphänomen dieses biologischen Todes entwickelt. Weber konstatiert Folgendes:

„Der Anschluß zwischen beiden Begriffen [„ 'realer Tod' " und „ 'sozialer Tod' "; Herv. im Orig.; Anm. TM] ist [...] theoretisch da vorzunehmen, wo für die moderne Gesellschaft deutlich wird, dass unter soziologischen Gesichtspunkten das Todesproblem immer weiter in den Lebensprozeß hineinverlegt wird, dass man prozessual aus der Gesellschaft hinausstirbt, herausgestorben wird [sic]" (Weber 1994: 234f).

Eine Schlussfolgerung, die der Autor in seiner Auseinandersetzung mit der „Soziogenese von Todesbildern" zieht, lautet: Nicht das soziale Sterben ist ein Epiproblem des endgültigen Todes, sondern der „ 'reale Tod' " ist zu

---

[25] Zu den Chancen und Risiken sowie Anforderungen, die sich durch das soziale Sterben stellen, äußert sich z. B. Harri R. Wettstein (Wettstein 1995: 207ff).
[26] Ebenso schmalspurig ist die direkte Verknüpfung vom Alterungsprozess mit Erkrankung. Dass Altern nicht als Krankheit missgedeutet werden sollte, dafür setzten sich u. a. Renate Daimler und Gerd Glaeske ein (Daimler/Glaeske 1988).

einem speziellen Thema im Kontext sozialen Sterbens geworden bzw. muss als solches betrachtet werden. Probleme im sozialen Umgang mit den (real) Sterbenden erscheinen vor diesem Hintergrund in einem neuen Licht. Gegenüber Feldmann identifiziert Weber drei elementare *Dimensionen* des Sterbens. Diese können analog zu den bereits abgebildeten Formen (Abb. 1) verstanden werden. Allerdings hebt eine dimensionale Vorstellung, wie hier aufgelistet, den engen Zusammenhang der einzelnen Ebenen hervor.

Tab. 2 Dimensionen des Sterbens

Ebene	Dimension
Physische Ebene	Biochemischer Zusammenbruch des Organismus
Psychische Ebene	Abbruch komplexer psychisch-sozialer Vorgänge
Soziale Ebene	Zusammenbruch sozialer Bindungen und eines Netzes zwischenmenschlicher Beziehungen

Quelle: vgl. Weber 1994: 308

2.2.4 Zeitliche Rahmung des Sterbeprozesses

Häufig gestellte Fragen im Zusammenhang mit Sterben und Tod lauten: Wann fängt das Sterben an? Wann gilt ein Mensch als sterbend? Welcher Zeitpunkt, welche Situation leitet für wen den Sterbeprozess ein?

Durch die Betrachtungen im vorangegangenen Abschnitt wurde deutlich, dass derartige Fragen im Kontext der Sterbedimension betrachtet werden sollten. Denn je nachdem unter welcher Perspektive der Sterbeprozess beleuchtet wird, ergeben sich unterschiedliche Feststellungen hinsichtlich der Zeitspannen. So könnte eine Aussage lauten: Das Sterben beginnt in den modernen Gesellschaften bereits früh mit dem sozialen Sterben. Aber das Sterben kann auch erst dann in seinem Beginn begriffen werden, wenn körperliche Funktionen eindeutig versagen. Weiterhin ist es möglich, den psychischen Vorgang des Sterbens in den Kontext einer Demenz- oder Alzheimererkrankung zu stellen. Allein mit Blick auf die Gesamtheit des Prozesses ist keine allgemein gültige und eindeutige Antwort bezüglich des Sterbebeginns zu ermitteln. Der Tod begründet für das sterbende Subjekt den Endpunkt im Sterben. Allerdings vollzieht sich selbst nach dem Tod der Person ein Prozess des postmortalen, sozialen Sterbens in dem Bewusstsein der lebenden Angehörigen (vgl. Feldmann 1998a: 96f).

Wie verhält es sich nun mit dem Beginn? Die Antwortoptionen orientieren sich einerseits daran, welche generelle Einstellung zum Leben und

29

Sterben vorliegt und auf der anderen Seite, welchem Akteur die Zuständigkeit und der stärkste Einfluss obliegt. So kann nach Gerhard Schmied z. B. ein philosophisches Argument angeführt werden: Sterben beginnt mit der Geburt und endet mit dem Tod. Dieses hält er allerdings für ungeeignet, da es die Besonderheiten des Sterbeprozesses außer Acht lässt (Schmied 1985: 13).

Nach Ansicht des Soziologen Robert J. Kastenbaum können vier grundlegende Vorgänge bzw. Situationen markiert werden, die den Eintritt in den Sterbeprozess symbolisieren. Diese sind in der folgenden Tabelle zusammengefasst.

Tab. 3 Perspektiven im zeitlichen Bezugsystem des Sterbeprozesses

	Vorgang	Akt	Hauptakteure
zeitlicher Bezugsrahmen ▼	**A)** Sterben beginnt, wenn die Fakten erkannt werden.	Diagnose von spezifischer Krankheit	*Arzt* diagnostiziert tödliche Krankheit, der *Patient* wird zum Sterbenden.
	B) Sterben beginnt, wenn über die Fakten geredet wird.	Kommunikation	Vor allem die Kommunikation zwischen *Arzt* und *Patient* ist damit gemeint, aber auch mit den *Angehörigen*
	C) Sterben beginnt dann, wenn der Sterbenskranke seine Lage und die Fakten bewusst wahrnimmt und akzeptiert.	Wahrnehmung und Akzeptanz	*Sterbende Person*
	D) Sterben beginnt dann, wenn nichts mehr getan werden kann, um das Leben zu erhalten.	Diagnose: keine Therapie mehr möglich	Allgemeine *medizinisch, kurative* Perspektive

Quelle: vgl. Kastenbaum 1986: 89ff

Drei Erkenntnisse sind angesichts der Übersicht in Tabelle 3 hervorzuheben:

Sterben wird hier immer in Verbindung mit Krankheit, wenn nicht sogar als Krankheit verstanden. Das sterbende Individuum wird mittels medizinischer Kriterien als solches definiert. Bereits David Sudnow stellt fest, dass ein Mensch dann tot oder sterbend ist, wenn er von einer Person, hauptsächlich dem Arzt, so beurteilt wurde (Sudnow 1973 [1967]: 82). Den Aussagen professioneller Akteure wächst hier eine bedeutende Rolle zu (vgl. Schmied 1985).

Auffallend ist neben dem verhältnismäßig geringen Einbezug der sterbenden Person selber, dass die Angehörigen, dem direkten sozialen Beziehungsumfeld zugehörig, aus dem Definitions- und Zuschreibungsprozess fast völlig rausfallen. Die Wahrnehmung eines Angehörigen kann bereits dann sehr stark auf den Sterbeprozess fokussieren, wenn die erste Diagnose getroffen wird (Punkt A in der Tabelle 3), unabhängig davon, welche Lebenszeitprognosen und -perspektiven dem betreffenden Menschen gegeben werden. Aus medizinischer Sicht beginnt das Sterben dann, wenn für den Patienten keine kurativen Behandlungschancen mehr bestehen. Der Sterbeprozess wird dann auf die terminale, letale Phase beschränkt.

Karl-Heinz Wehkamp weist mit Nachdruck auf die Diskrepanz hin, die zwischen wissenschaftlicher Betrachtungsrolle und der Rolle der Ärzte den Patienten gegenüber in der entscheidenden Situation besteht. Für die Forschenden offenbart sich Sterben in Form von Sterbeverläufen als „Sachverhalt", der erst im Nachhinein, d. h. ausgehend vom Tod als Endpunkt, als solcher betrachtet wird. Für die agierenden Personen selber, sei es Arzt, betroffener Patient oder die Angehörigen stellt der Sterbevorgang keinen derartigen, da nicht abgeschlossenen, Verlauf dar. „Auch unter Berücksichtigung aller denkbaren prognostischen Daten entzieht sich die Lebens- und Sterbeentwicklung eines Menschen einer vollständigen Prognostizierbarkeit" (Wehkamp 1998: 61).

2.2.5 Fazit

Deutungen von Tod und Sterben unterliegen sozial normierten und individuell geprägten Konstruktionsmechanismen. Mit dem Tod wird die unerfahrbare Grenze menschlichen Daseins verbunden. Sterben hingegen ist als lebensimmanenter Prozess zu verstehen.

Feldmann sieht heute in der Auseinandersetzung mit Sterben und Tod eine Verstärkung der kognitiven (wissenschaftlichen) sowie instrumentellen Herangehensweisen gegenüber früheren normativen und durch Expressivität geprägten Perspektiven (Feldmann 1990: 22f).

Menschliches Sterben wurde in den vorangegangenen Ausführungen unter einem breit angelegten Deutungsrahmen diskutiert. Im Kontext der Arbeit soll Sterben als multidimensionaler, prozessualer und lebensimmanenter Vorgang verstanden werden. Die mit dem Autor Feldmann eingeführten Formen des Sterbens spielten auf die verschiedenen Arten des Sterbens an. Es soll im Folgenden jedoch verstärkt mit der Bezeichnung *Dimensionen* des Sterbens operiert werden. Dabei wird wert darauf gelegt, dass diese Dimensionen einzelne Ebenen eines Gesamtvorganges charakterisieren.

Wann beginnt der Sterbeprozess? Diese Frage lässt sich nicht allgemein gültig beantworten. Angesichts der Dimensionierung des Sterbens ließen sich hierzu vielerlei zeitlich differente Kriterien anführen. Doch Erläuterungen zum Beginn des Sterbens entbehren auf abstrakter Ebene, weitab vom konkreten, individuellen Fall, den Problemstellungen der Realität. Die generelle Trennung zwischen Sterbenden und Lebenden erscheint unscharf und je nach Blickwinkel sehr schnell zu verschieben. Denn die Lebenden sind gleichzeitig immer auch schon im weitesten Sinne sterbend. In erster Linie symbolisieren Rollenzuweisungen oder Expertendiagnosen, wann Menschen aus objektiver und subjektiver Sicht als sterbend gelten. Die Frage nach dem *Wann* rückt folglich weniger zeitliche Faktoren, sondern vielmehr Zuschreibungsaspekte in den Vordergrund. Im Rahmen begrenzter Lebenszeit jedes Menschen markieren sie den Beginn des Sterbeprozesses. Diese sozialen Vorgänge sind soziologisch interessant und bedeutend, weil in der Gemeinschaft dann bestimmte Muster des Umgangs mit Sterbenden greifen bzw. Formen der Bewältigung von Sterben und Tod deutlich werden.

2.3 Fakten aus der Statistik

Gesellschaften sind keine statischen, sondern dynamische Gebilde. Die Dynamik ist geprägt durch historische Entwicklungen sowie kulturellen und sozialen Wandel. Dieser Wandel schließt auch das Sterben der Menschen und damit verbundene Sachverhalte mit ein. Zu den Indikatoren, an denen die Veränderungen ablesbar sind, zählen in erster Linie eine höhere und sichere Lebenserwartung, Verlagerung und Verlängerung des Sterbeprozesses ins mittlere und hohe Alter, eine Verschiebung des Krankheitsspektrums sowie eine Veränderung der Sterbeorte.

Um die Charakteristika des Wandlungsprozesses zu belegen, erscheint es sinnvoll, empirische Daten als Grundlage heranzuziehen. Das empirische Material soll einen Einblick in die aktuelle[27] Mortalitätsentwicklung verleihen und gleichzeitig stereotypen und undifferenzierten Annahmen oder Schlussfolgerungen vorbeugen. Die hier vorgelegten statistischen Daten beziehen sich ausschließlich auf Deutschland. Sie stammen sowohl aus der amtlichen Statistik als auch aus Ergebnissen verschiedener repräsentativer Untersuchungen stützen sich auf bereits gesicherte Erkenntnisse. Die Auswahl des Materials beschränkt sich größtenteils auf das durchschnittliche Alter, in dem, die Orte, an denen und die Krankheiten, durch welche die Menschen heute überwiegend sterben. Etwaige Tendenzen, die daraus abzulesen sind, sollen erläutert werden.

Sozialmediziner wie Blumenthal-Barby meinen „doch selbst darüber [Todeszeit, -ort, -ursache] wissen wir im Grunde recht wenig" (Blumenthal-Barby 1998: 64). Dieser Aussage ist nach eigenen Recherchen in weiten Teilen zuzustimmen. Im Rahmen der amtlichen Statistik wird eine Todesursachenstatistik erhoben und Forschungen zur durchschnittlichen Lebenserwartung sind schon allein aus ökonomischen Gründen interessant. Auch in der demographischen Forschung zählen die Sterblichkeitsverhältnisse, neben Fertilitätsentwicklung und dem Faktor Mobilität, zu den wesentlichen Variablen. Doch reichen diese quantitativen Statistiken allein nicht aus, um von einem großen Wissensstand über das Sterben der Menschen zu sprechen. Sie stellen insgesamt einen makrosoziologischen Ausschnitt dar, der im Kontext betrachtet werden muss und vor allem weiterer fundierter Aufarbeitung bedarf.

---

[27] Unter „aktuell" ist hier vor allem der Zeitraum von ca. 1980 bis ungefähr 2000 zu verstehen. Statistische Daten über die Jahrtausendwende hinaus scheinen bislang noch nicht ausreichend dargelegt und beschrieben zu sein.

2.3.1 Lebenserwartung

Um etwas über die Lebenserwartung[28] von Individuen aussagen zu können, ist es notwendig, sich mit der Mortalitätsentwicklung auseinander zu setzen. So werden vom Statistischen Bundesamt Daten erhoben und Kennziffern ermittelt, wie etwa die allgemeine Sterblichkeit[29], die Sterbeziffer[30], das mittlere Sterbealter und die Lebenserwartung[31]. Hinter dem allgemeinen Terminus Lebenserwartung verbergen sich verschiedene Bedeutungen. Zum einen wird von Lebenserwartung gesprochen, wenn eigentlich die Höhe des durchschnittlichen Sterbealters gemeint ist (Imhof 1994a: 12f). Zum anderen bezieht man sich auf die statistisch erwartbare Anzahl der Lebensjahre. Die Lebenserwartung wird in der Regel ab Geburt bestimmt. Als Referenzpunkt kann aber auch jedes andere Lebensalter festgelegt werden (Schmied 1985: 24).

Des Weiteren ist laut Arthur E. Imhof die *ökologische* Lebenserwartung des modernen Menschen gestiegen und sicherer geworden. Darunter wird das durchschnittliche Sterbealter bedingt durch lokale und temporäre Umweltbedingungen verstanden. Die physiologische Lebenserwartung hingegen, so bezeichnet er die mittlere maximale Lebenserwartung des Menschen, liegt unverändert bei 85-90 Jahren[32] (Imhof 1994a: 13).

Imhof hat in seinen Publikationen von einem Übergang der *unsicheren* zur *sicheren* Lebenszeit gesprochen. Er verleiht damit der Tatsache Ausdruck, dass wir trotz aller Unkenntnis, über Zeitpunkt der persönlichen Todesstunde davon ausgehen können, dass die Lebenserwartung geschlechtsspezifisch in der Regel 70-80 Jahre beträgt (vgl. Imhof 1994a, 1994b, 1998).

---

[28] Hinweise auf Probleme in der statistischen Berechnung sowie kritische Ausführungen zur Lebenserwartung bei Geburt $e_{(0)}$ und der Differenz zum mittleren Sterbealter führt Reiner H. Dinkel ins Feld (Dinkel 1992: 70ff).

[29] Die allgemeine Sterblichkeit, auch als Mortalitätsrate bezeichnet, ist eine Verhältniszahl, die die Anzahl der Sterbefälle je 10 000 Einwohner ausweist (vgl. Informationssystem für Gesundheitsberichterstattung 2003).

[30] Hiermit sind die Sterbefälle bezogen auf die Bevölkerung gemeint, z. B. Verstorbene je 100 000 Einwohner. Sie wird oft altersgruppenspezifisch errechnet und soll Fehlinterpretationen vorbeugen, wenn Absolutzahlen bezogen auf unterschiedlich große Bevölkerungen verglichen werden (vgl. IS-GBE 2003).

[31] Die Lebenserwartung ist eine Maßzahl, die modellhaft aus den altersspezifischen Sterblichkeitsverhältnissen eine zu erwartende Lebensdauer (meist ab Geburt) ableitet (vgl. IS-GBE 2003).

[32] Diese Obergrenze wird errechnet durch die Lebenserwartung von jeweils Achtzigjährigen (vgl. Imhof 1994a: 13).

Abb. 2 Mittlere Lebenserwartung in Deutschland

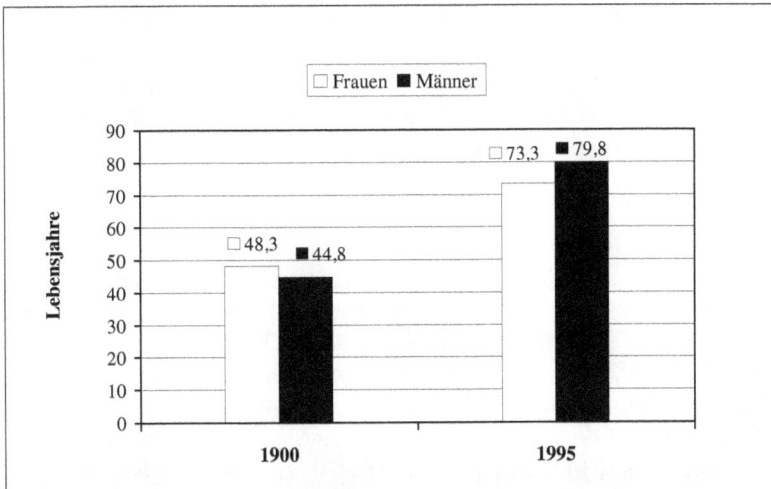

Quelle: Statistisches Bundesamt 1998: 43

Seit Ende des 19. Jahrhunderts hat sich, wie aus oben stehendem Diagramm (Abb. 2) ersichtlich ist, die durchschnittliche Lebenserwartung ungefähr verdoppelt. Die aktuellen Lebensumstände, vor allem Lebens- und Arbeitsbedingungen, begünstigen heute eine vielfach höhere Lebenserwartung, als es noch im vorletzten Jahrhundert der Fall war. Der Tod tritt verstärkt in einem Alter ein, in dem ökologische und physiologische Lebenserwartung in vielen Fällen nahezu übereinstimmen.

Nach Gustav Lebhart und Rainer Münz sind es allen voran die Verbesserungen der Lebensverhältnisse, die dazu führten, dass sich Infektionsgefahren, die das menschliche Leben jederzeit bedrohten, verringerten. Folgende Veränderungstrends hatten und haben maßgebliche Bedeutung (Lebhart/Münz 2003): Weit reicherendes naturwissenschaftliches Wissen und höhere hygienische sowie medizinische Standards führten dazu, dass Seuchen und Säuglingssterblichkeit in den modernen Gesellschaften nahezu ausgerottet sind. Die stete Gewissheit und der Bestand im Wesentlichen gesicherter Existenzbedingungen sowie die Abnahme von Kriegen ermöglichen erst die Annahme einer, wie Imhof es ausdrückt, *sicheren* erwartbaren Lebenszeit (vgl. Imhof 1994a: 14f). Aber auch Fortschritte im medizinisch-technischen Bereich sowie pharmazeutische Produkte und die damit einhergehende Bekämpfung oder Eindämmung von Krankheiten sowie verschiedene Möglichkeiten der Lebensverlängerung, wirken sich auf die Sterblichkeitsverhältnisse im 20. Jahrhundert aus. Maßgeblich für die Verdopplung der durchschnittlichen Lebenserwartung sind demzufolge Veränderungen der die Sterblichkeitsverhältnisse beeinflussenden Faktoren. Kohli verweist darauf, dass sich die statistischen Fakten nicht am bloßen Anstieg des Durchschnittswertes ablesen lassen, sondern die abnehmende Varianz des gesellschaftlichen Sterbegeschehens liegt der veränderten Lebenserwartung zugrunde (Kohli 1985: 5). Die Ausdehnung der Lebenserwartung an sich hat aber auch Auswirkungen auf den sozialen Prozess des Sterbens.

Es ist nicht allein die mittlere Lebenserwartung, die sich bis zur physiologischen Grenze ausdehnt. Auch der Sterbeprozess erfährt eine Verlängerung. Es wird von einem langen, verlangsamten Sterben[33] gesprochen oder wie es Heller ausdrückt: „Wir leben eben länger, und wir sterben auch länger" (Heller 1994: 13f). Diese kurze Formel mag u. U. banal erscheinen, doch stößt die Erforschung der *Lebenserwartung bei guter Gesundheit*, auch *Disability-Free Life Expectancy* genannt, auf zunehmendes Interesse (vgl. Statistisches Bundesamt 1998: 41f). Ein dahinter stehendes Problem ist die Zunahme von chronischen und degenerativen Krankheiten. Diese haben die infektiösen und parasitären Krankheitsbilder der vergangenen Jahrhunderte abgelöst und stellen nicht nur, aber vor allem im Alter ein zunehmendes Problem dar. Inwiefern und wie lange ein Mensch sein Leben tatsächlich gesund, autonom und selbstbestimmt verbringen kann, darüber geben Durchschnittszahlen keine Auskunft.

2.3.2 Krankheiten als Todesursachen

Der Rückgang der Sterblichkeitsraten steht, wie bereits angedeutet, maßgeblich im Zusammenhang mit einer Schwerpunktverlagerung der zum Tode führenden Krankheitsformen in den vergangenen 200 Jahren.

Die Betrachtung des Übergangs des von einem hohen Sterberisiko betroffenen Krankheitsspektrums ist geleitet von der Annahme, dass jeder Tod eine spezifische Ursache hat. Dieses Denken ist nur bedingt zutreffend bzw. deutet auf das moderne, kausale Verständnis von Krankheit und Tod hin (Schneider 1999: 136f). Wir Menschen sterben, weil wir sterblich sind. Erst im zweiten Schritt kann man Sterben und Tod andere, nämlich hauptsächlich krankheitsbedingte Gründe zuweisen (vgl. Bauman 1994: 208/ Fuchs 1969: 72). Die Erforschung der Todesursachen und der Aufbau spe-

---

[33] Im Zusammenhang mit der Verlängerung respektive Verlangsamung darf nicht nur das physische Sterben sondern müssen auch die sozialen und psychischen Dimensionen des Sterbeprozesses in Betracht gezogen werden.

zifischer Statistiken ist jedoch auch deshalb von Interesse, weil so Hinweise über die Entstehung spezifischer sozialer Probleme gefunden werden können.[34]

Die Datenbasis der Todesursachenstatistik setzt sich aus den Leichenschauscheinen sowie den Sterbefallzählkarten der Standesämter zusammen. Die Qualität einer solchen Statistik ist vor allem abhängig von der präzisen Angabe der Todesursache durch den entsprechenden Arzt. Elke Hoffman beschreibt die Problematik der eindeutigen Feststellung einer Todesursache (vgl. Hoffmann 2001). Sie verweist dabei auf die zunehmende Multimorbidität im Alter, wodurch die Abgrenzung bestimmter Krankheitsbilder problematisch wird. Weiterhin erschweren vielmals die Umstände der Begutachtungspraxis[35] die Feststellung der jeweiligen Todesursache. Die daraus resultierenden methodischen Schwierigkeiten lassen weitreichende Interpretationen der Statistik problematisch erscheinen; deshalb ist es nötig darauf hinzuweisen. Sie machen es jedoch nicht unmöglich Aussagen zu treffen.

Die Menschen in Deutschland sterben, wie auf der Abbildung 3 sichtbar, in der Regel eines "natürlichen" Todes. Natürlicher Tod ist hier in Abgrenzung zum gewaltsam bedingten Tod zu verstehen. Weiterhin wird oftmals dann von einem natürlichen Tod gesprochen, wenn es keine krankheitsbedingten Todesursachen oder keinerlei Außeneinwirkungen gibt, die zum Tod führen. Man bezieht sich dabei auf ein natürliches Verlöschen des Lebens (Feldmann 1997: 75ff).[36]

Die tödlichen Erkrankungen des Kreislaufsystems und bösartige Neubildungen[37] übersteigen mit insgesamt 744 Gestorbenen je 10.000 Einwohner deutlich alle weiteren klassifizierten Todesursachen. Die infektiösen und parasitären Krankheiten aus der vorindustriellen Zeit spielen, wie bereits angedeutet, gegenüber diesen Krankheitsformen keine bedeutsame Rolle mehr. Vielmehr sind es heute infektiöse Krankheiten, wie AIDS, an der Menschen sterben. Hervorzuheben bleibt die hohe Zahl krankheitsbedingten, langen Sterbens. Im Verhältnis sind z. B. die Opfer durch Verkehrsunfälle so gering, dass sie unter die zusammengefasste Kategorie *andere Todesursachen* fallen.

---

[34] An dieser Stelle sei auf die Zusammenhänge zwischen Morbidität, Mortalität und sozialstrukturellen Indikatoren verwiesen.

[35] Hier wird vor allem der Tatsache Rechnung gezollt, dass die Leichen schauenden Ärzte oftmals keine Kenntnis über die Krankengeschichte des Patienten haben und als Bereitschaftsärzte verschiedenster medizinischer Fachrichtungen auch nicht die notwendige diagnostische Befähigung besitzen (vgl. Hoffmann 2001).

[36] Weiterreichendere Ausführungen zum natürlichen Todesbegriff finden sich bei Fuchs (1969: 71ff).

[37] Die Bezeichnung betrifft den Fachbegriff für Krebserkrankungen.

Abb. 3 Gestorbene nach Todesursachen in Deutschland im Jahr 2000

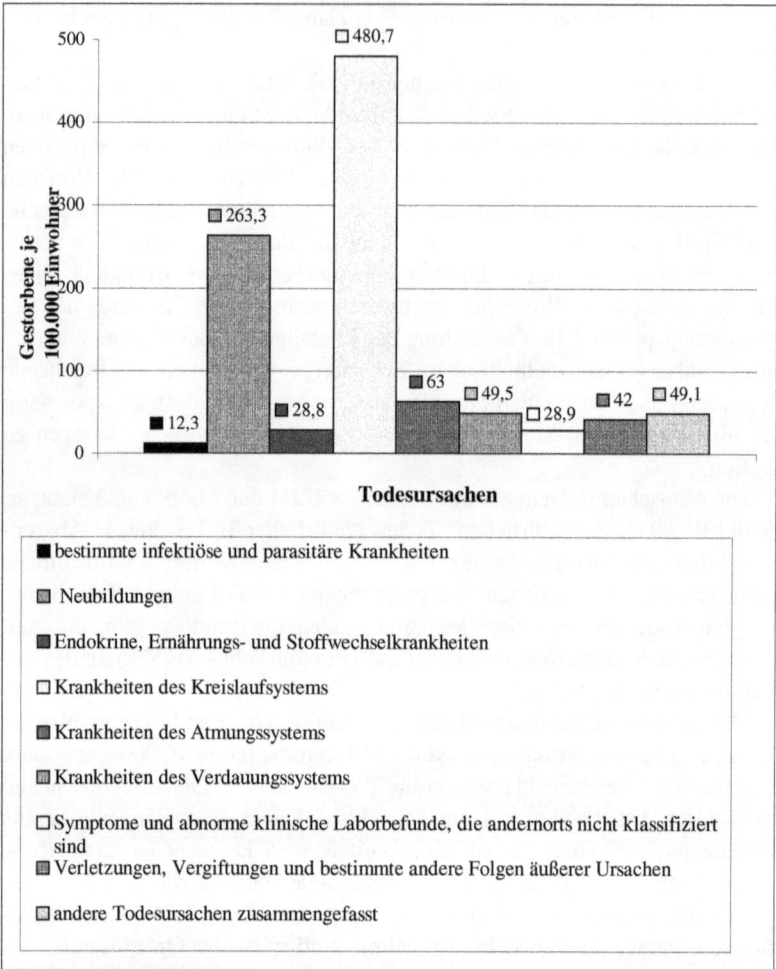

Quelle: Statistisches Bundesamt Deutschland, Wiesbaden 2003

Über Dauer und Verlauf der Krankheitsgeschehnisse kann das Diagramm keine Auskunft geben. Doch auch dem medizinischen Laien sollte klar sein, dass die am stärksten ausgeprägten Krankheiten und somit Todesursachen, im Speziellen bösartige Neubildungen, in der Regel eine Leidenszeit von Wochen, Monaten oder sogar Jahren mit sich bringen. Die Klassifikation und Verschlüsselung der Todesursachen ist durch das ICD-System

(International Classification of Disease) der WHO geregelt. So besteht ebenfalls die Möglichkeit zum internationalen Vergleich.[38]

Die Beschäftigung mit der Mortalitätsentwicklung ist zusehends zu einer Beschäftigung mit dem Alter und der Alterssterblichkeit geworden. Aus Abbildung 4 wird ersichtlich, dass über die Hälfte (57 %) der Sterbefälle zwischen dem 70sten und dem 90sten Lebensjahr liegen.

Abb. 4 Sterbefälle nach Altersgruppen im Jahr 2000

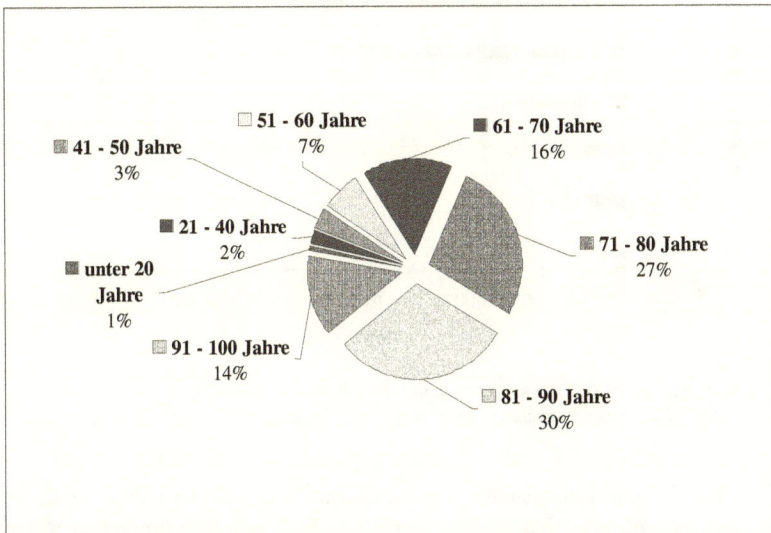

Quelle: GeroStat 2003: Deutsches Zentrum für Altersfragen, Berlin
Basisdaten: Statistisches Bundesamt, Wiesbaden. Statistik der natürlichen Bevölkerungsbewegung

In Abbildung 5 sind die Sterbefälle zusätzlich noch einmal geschlechtsspezifisch unterteilt. Die differente Lebenserwartung von Frauen und Männern wird hier anhand der unterschiedlich hohen Zahlen zu Sterbefällen nochmals unterstrichen. Zahlen für die je Altersgruppe und Geschlecht Überlebenden sind für die unten stehende Abbildung nicht vorhanden.

---

[38] Über methodische Probleme im Zusammenhang mit dem ICD-System siehe Statistisches Bundesamt (1998: 42).

39

Abb. 5 Sterbefälle nach Geschlecht und Altersgruppen im Jahr 2000

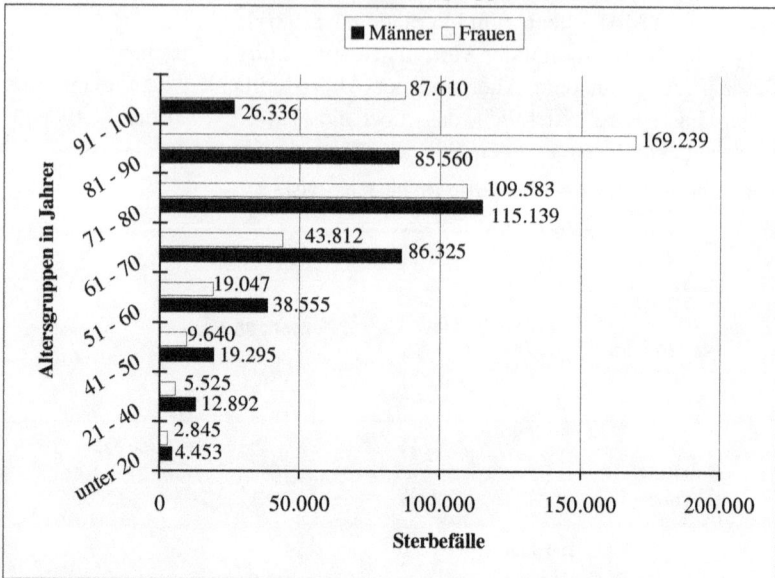

Quelle: GeroStat 2003: Deutsches Zentrum für Altersfragen, Berlin
Basisdaten: Statistisches Bundesamt, Wiesbaden. Statistik der natürlichen Bevölkerungsbewegung

Bis zum 70sten Lebensjahr ist jeweils bei den Männern eine deutlich höhere Anzahl von Sterbefällen auffällig. Erst mit zunehmendem Alter wird eine Verschiebung der Sterbefallzahlen deutlich. Dann nämlich sind es die Frauen in den hohen Alterslagen, die bislang die Männer überlebt haben, die einen Großteil der sterbenden Bevölkerung ausmachen.[39]

2.3.3 Sterbeorte

Das Interesse hinsichtlich der Sterbeorte ist verknüpft mit Diskussionen um die Bedingungen eines würdevollen Sterbens und rückt gegenwärtig immer stärker in den Vordergrund.

Um dieses gestiegene Interesse zu verstehen, sind allgemeine Bewertungen, die der häuslich-familiären und der institutionalisierten Sterbesituation zugeschrieben werden, zu betrachten. Zunächst seien dazu einige An-

---

[39] Aufgrund der nicht zur Verfügung stehenden Basisdaten kann dieses Diagramm nicht klären, wie viele „Überlebende" in den jeweiligen Jahrgängen verbleiben.

gaben über Wünsche und Vorstellungen von Individuen in Bezug auf ihr eigenes (gutes) Sterben angeführt:

In einer Umfrage des Emnid Institutes, beauftragt von der *Deutschen Hospiz Stiftung* (DHS), wurden Personen u. a. zu den (Wunsch-) Umständen ihres eigenen Todes befragt. Dabei gaben 85 % der Befragten an, sich einen schnellen und plötzlichen Tod zu wünschen oder aber sich bisher noch keine Gedanken dazu gemacht zu haben (25 % davon) (vgl. DHS 2001). Der schnelle und plötzliche Eintritt des Todes - ohne langsames Sterben – scheint für eine Vielzahl demnach begehrenswert.

Neben diesen Wunschvorstellungen bleiben aber empirische Fakten und reale Entwicklungen den Menschen nicht verborgen, wie aus einer Regionalstudie in Thüringen hervorgeht:

„Die meisten Thüringer möchten, wenn sie sich das aussuchen könnten, zu Hause sterben. Dabei ist ihnen bewusst, dass die meisten Menschen dies nicht erreichen können, sondern im Krankenhaus sterben. Diese in der Befragung gemessene Diskrepanz ist aber ein klarer Hinweis darauf, dass sich die Menschen die faktische Situation, die sie sehr wohl kennen, anders wünschen. Es steht dazu nicht im Widerspruch, wenn in sehr vielen Fällen beim Prozess der Sterbebegleitung zu Hause immer wieder professionelle medizinische Hilfe nachgefragt wird. Für die nähere Zukunft vermuten die meisten Befragten, dass sich an der Bedeutung der Sterbeorte nichts Wesentliches ändern wird. Sie nehmen aber an, dass der Anteil der Menschen, die in Pflege- oder Altenheimen sterben, deutlich zunehmen wird" (Dreßel et al. 2002: 7).

Reduziert zusammengefasst bedeutet dies: Das *Zuhause* als Sterbeort ist in hohem Maße erwünscht und positiv besetzt. Das Sterben im Krankenhaus oder anderen institutionalen Versorgungsstrukturen wird aber als Normalfall angesehen. Das antizipierte seltene Sterben im häuslichen bzw. privaten Bereich erfährt eine romantisierende Verklärung. Dem steht ein unpersönliches, medikalisiertes Todesbild gegenüber. Philippe Ariès hat dies beispielsweise für die Institution Krankenhaus erläutert (vgl. Ariès 1982 [1978]: 747f). Dahinter steht u. a., dass eine ganzheitliche, intensive Betreuung sowie eine auf die individuellen Bedürfnisse des Einzelnen ausgerichtete Begleitung aufgrund der strukturellen Organisation und Zielsetzung an Orten wie z. B. dem Krankenhaus selten durch die professionellen MitarbeiterInnen realisierbar ist (vgl. Heller 1994: 24).

An welchen Orten versterben gegenwärtig die meisten Menschen? Auf welches Material können sich Aussagen über Verteilung der Sterbeorte stützen? Anhand welcher Kategorien werden Sterbeorte differenziert und wie valide sind die entsprechenden Daten?

Sterbeorte werden als räumliche Kategorie verstanden und meinen nicht etwa die geografischen Orte. Im alltagssprachlichen Gebrauch wird oft zwischen *Zuhause, Krankenhaus, Alten- und Pflegeheim* unterschieden. Allerdings lässt diese Differenzierung Trennschärfe vermissen. Genauer könnte es lauten: privater Wohnsitz, Krankenhaus, stationäres Hospiz, Wohnsitz im Seniorenheim oder Pflegeheim. Doch auch hier bestünde keine Eindeutigkeit darüber, durch welchen Ort konkret das „Zuhause" repräsentiert wird. Die Schwierigkeit bestünde darin, neben einem räumlichen Aufenthaltsort auch das „gefühlte" Zuhause, die im Sterben so wichtige vertraute Umgebung und die vertrauten Menschen, zu lokalisieren. Die folgenden Datenbelege können dieses Defizit nicht beheben, da das „Zuhause" nicht weiter aufgeschlüsselt wurde.

Mit ihrer Studie über das Bundesland Rheinland-Pfalz aus dem Jahr 1995 versuchen Randolph Ochsmann et al. (1997) eine „Demographie des Todes" zu erstellen. Dabei werden verschiedene sozialstrukturelle Merkmale auf ihren Zusammenhang mit der Mortalität überprüft. Dabei stellen sie fest, dass 44,1 % der Sterbenden zum Todeszeitpunkt im Krankenhaus und 12,8 % im Altenheim sind. Doch mit 37,3 % sterben mehr Menschen im häuslichen Bereich als zunächst angenommen. Im hohen Alter steigt die Wahrscheinlichkeit außerhalb des eigenen Zuhauses zu sterben. Aufgrund der höheren Lebenserwartung von Frauen bzw. des durchschnittlich niedrigeren Sterbealters der Männer betrifft diese Tatsache verstärkt Frauen.

Aus der Krankenhausstatistik des Statistischen Bundesamtes geht für das Jahr 1997 hervor, dass 41,7 % (860.389 Todesfälle insgesamt davon im Krankenhaus 358.363) der Toten im Krankenhaus verstorben sind. Aufgrund dieser sehr allgemeinen Angaben ist zwar für die Bundesebene rekonstruierbar, wie viele Menschen in der Institution Krankenhaus gestorben sind, doch verlässliche Rückschlüsse zur Kategorie des Sterbeortes *eigene Wohnung* ergeben sich daraus nicht. Verantwortlich dafür ist die Tatsache, dass der Sterbeort nicht von den statistischen Ämtern Deutschlands verzeichnet wird. Je nach Bundesland sind die Sterbeorte auf den Totenscheinen der Gesundheitsämter vermerkt oder nicht (vgl. Hoffmann/Adolph 2001). Im Gegensatz zu den Todesursachen gibt es in diesem Bereich wenig aufgearbeitetes Datenmaterial. Es ist zu vermuten, dass bundesweite repräsentative Untersuchungen bislang zu kostenintensiv gewesen wären (vgl. Ochsmann 2003-08-04). Bundesweit wäre unter Berücksichtigung der Zahlen aus der Krankenhausstatistik und der Studie von Ochsmann eine ähnliche, allerdings auch mit großer Vorsicht zu betrachtende, Tendenz von ca. 40-45% Sterbenden im Krankenhaus, 12-15% im Altenheim und 35-40% im häuslichen Bereich zu erwarten.

Laut der Autoren der rheinland-pfälzischen Studie wurden bisherige Schätzungen zu Sterbeorten[40], allzu oft *ohne* empirische Grundlage erstellt (Ochsmann et al. 1997: 3). Analysen, die auf derartigen Schätzwerten basieren, sind problematisch. Sie unterstützen antizipierte Pauschalbewertungen gesellschaftlicher Realität.

Als Argument zur Bestätigung einer *Institutionalisierung des Sterbens* wird häufig der Aspekt der Sterbeorte angeführt. Verkürzt lautet die Formel wie folgt: Der sterbende Mensch wird aus seinem ursprünglichen Lebensumfeld, der bisherigen Wohnsituation in Institutionen ausgelagert. Wobei Krankenhäuser, Senioren- oder Pflegeheime allesamt pauschal ohne Abstufungen als Institutionen gewertet werden. Doch allein auf eine Verlagerung der Sterbeorte bezogen, wird nicht der Kern der These getroffen. Seine Relevanz erfährt der Institutionalisierungsbegriff[41] im Rahmen strukturellen Wandels konstanter Handlungs- und Beziehungsmuster.[42] Qualitative Untersuchungsmethoden könnten zu einem weiterführenden und tief greifenderen Verständnis von strukturellem Wandel und Institutionalisierungsmechanismen beitragen.

Pflegebedürftige und sterbende Menschen verbringen oft vielfältige (krankheitsbedingte) Aufenthalte in Krankenhäusern, Pflegeheimen oder ähnlichen Einrichtungen. Der Erkenntnisstand bzgl. der Verweildauern ist nur gering. Neben diesen gesundheits- bzw. krankheitsbedingten Wechseln in eine institutionelle Versorgungseinrichtung sind aber ebenfalls die individuellen Motive, Rollenerfahrungen und Lebensvorstellungen der Betroffenen mit einzubeziehen. Auch hier existieren kaum verallgemeinerbare Kenntnisse über die individuelle Motivlage der betreffenden Personen, z. B. ihren Wohnsitz in ein Seniorenheim zu verlegen, auch kann man nicht davon ausgehen, dass der Verbleib zu Hause in jedem Fall angebracht oder auch wünschenswert wäre. In diesem Zusammenhang müsste geklärt werden, inwiefern Entscheidungen als selbst- oder fremdbestimmt wahrgenommen werden, von den betreffenden Personen gewollt oder ungewollt sind. Bislang fehlen hier nach meinem bisherigen Kenntnisstand phänomenologisch angelegte Untersuchungen, die darüber näheren Aufschluss geben können.

---

[40] Vgl. Paul Becker schreibt bspw. von „67 bis 76 % der Menschen sterben in Krankenhäusern [...]. 20 bis 30 % der Menschen sterben im Durchschnitt in Altenheimen und Pflegeheimen [...]" (Becker 1992: 45). Schmitz-Scherzer schätzt 70 % der Menschen in der BRD sterben in Kliniken und vergleichbaren Einrichtungen (Schmitz-Scherzer 1992b: 545).

[41] Feldmann spricht von Bürokratisierung (Feldmann 1990: 73).

[42] Vgl. Kytir (1994: 241) und Streckeisen (2001: 38ff).

2.3.4 Fazit

Die Sterblichkeitsverhältnisse als makrosoziologische Variable der demographischen Forschung sowie die wesentlichsten Veränderungen der auf das Sterbegeschehen wirkenden Einflussgrößen wurden unter Kaptitel 2.3 dargestellt. Der Einfluss der Faktoren steht im wechselseitigen und nicht im unikausalen Verhältnis.

Der Veränderungsprozess ist gekennzeichnet durch die Verlagerung des Sterbens von gesamtgesellschaftlich hohen Sterblichkeitsraten in allen Altersgruppen zur Partikularerscheinung des hohen Lebensalters. Tod und Sterben stellen in der modernen Gesellschaft Ereignisse dar, die statistisch überwiegend erst im Alter zum Tragen kommen. Steigende Lebenserwartung ist, neben Faktoren wie Fertilität und der Abwanderung von Bevölkerung, eine Ursache für allmähliche demographische Alterung.

Zu den Haupttodesursachen zählen in der modernen Gesellschaft nicht mehr Säuglings- und Kindersterblichkeit bzw. ein hoher Anteil an Infektionskrankheiten, sondern chronische und degenerative Krankheiten, wie z. B. Krebs. Steigende Lebenserwartung und das dargestellte Krankheitsspektrum der zum Tode führenden Erkrankungen impliziert ein längeres Sterben, vorrangig in physiologischer Hinsicht. Die heutige medizinische Versorgung hat die technischen Möglichkeiten den menschlichen Organismus noch am Leben zu erhalten, wo Kranke vor 100 Jahren bereits verstorben wären.

Das Sterben im Hinblick auf die statistische Verteilung der Todesursachen zu untersuchen, gibt u. a. darüber Aufschluss, dass der Medizin bzw. dem gesamten Gesundheitsbereich hier eine federführende Rolle zukommt. Auch die Bekämpfung spezifischer Krankheitsbilder in modernen, industrialisierten Gesellschaftsformen verhindert weder Tod noch Sterben. Prinzipiell bedarf es nicht erst einer Erkrankung, um zu sterben. Das Bestreben Krankheiten möglichst genau zu diagnostizieren und auszurotten, kann nicht zu einer Todesverhinderung führen, allenfalls zur Veränderung oder Verlagerung der Todesursachen. Grundsätzlich sollten Krankheiten an sich, die in unterschiedlichen Lebensaltern mit verschiedenen Heilungsaussichten auftreten, vom Spektrum der Todesursachen unterschieden werden.

Die statistische Auflistung von Sterbeorten dokumentiert allein den unmittelbaren Ort des Todes. Es ergeben sich daraus keine Erkenntnisse, welche Stationen sterbende Menschen bereits durchlaufen haben. Der Sterbeprozess kann geprägt sein durch Wechsel der Aufenthaltsorte häuslichen und institutionalen Settings. Erst die Betrachtung und Berücksichtigung vom Prozesscharakter des Sterbens sowie den entsprechenden Pflegeverläufen würde der Frage nach dem Sterbeort und nicht allein dem Ort, an dem der Tod eintritt, wirklich Rechnung tragen. Denn Sterben ist ein Vorgang im Leben, der durch individuelle Vielfältigkeit, Probleme sowie unterschiedliche Dauer gekennzeichnet ist. Um nähere Aufschlüsse über Bedingungen des Sterbens zu erhalten, sollte der Prozess auch in seiner Gesamtheit betrachtet werden. Die hohen Zahlen der Angehörigen, die Pflegebedürftige im häuslichen Bereich (vgl. Schneekloth/Leven 2003) pflegen, sollte Anlass sein den Blick über den Ort des Todeseintritts hinaus zu werfen.

Die Grundlage eines Versorgungsnetzes für Sterbende ist immer an individuelle Lösungen gebunden. Für die einzelne Person hat es wenig Bedeutung, wie hoch das durchschnittliche Sterbealter oder wie die Entwicklungen diesbezüglich sind, vor allem dann, wenn ein solches Alter nie erreicht werden kann. Aus soziologischer Perspektive ist es dennoch notwendig, wichtige Entwicklungen zu beobachten und zu analysieren. Denn aus den empirischen Untersuchungen zur Veränderung der Lebenserwartung, Sterbeursachen und –orten, lassen sich zukünftige gesellschaftliche Problembereiche bzw. Aufgabenfelder ablesen. Konsequenzen aus der hohen Alterssterblichkeit zu ziehen, hieße sich z. B. der Frage zu stellen, wie moderne Begleitung Schwerstkranker oder Sterbender organisiert werden kann, wenn kaum Angehörige vorhanden sind oder wie diesen bei der Pflege einer sterbenden Person beizustehen ist gegebenenfalls auch Entlastung geboten werden kann.

2.4 Aspekte des gesellschaftlichen Umgangs mit Sterben und Tod

Das Sterben hat sich im Zuge demographischer Entwicklungen verändert. Wie schlagen sich diese Veränderungen im Kontext gesellschaftlicher Modernisierung und damit verbundener Rationalisierungs- und Individualisierungsprozesse im Umgang mit Sterben und Tod nieder? Im Rahmen des folgenden Kapitels sollen zentrale Eckpunkte der sozialen Einbindung von Sterbeprozess und Todesereignis in die moderne Gesellschaft thematisiert und diskutiert werden. Es wird darauf hingewiesen, dass nicht *der* soziale Umgang mit Sterben und Tod existiert, sondern lediglich einzelne Teilaspekte hervorgehoben werden können.

Zuerst wurden in den vorangegangenen Kapiteln wesentliche Deutungskonzepte der relevanten Begrifflichkeiten vorgestellt, um dann auf demographische Momentaufnahmen des Sterbens einzugehen. Diese Erkenntnisse fließen nun in die folgenden Ausführungen mit ein.

2.4.1 Erfahrungsmangel und die Rolle von Familie im Umgang mit dem Sterben

Der Umgang mit Sterben und Tod stellt keine primären Sozialisationskomponenten mehr dar.[43] Dies ist eine wesentliche Konsequenz, die der soziale Wandel der Sterblichkeitsverhältnisse nach sich zieht. Bereits Mitte des vergangenen Jahrhunderts hat Hahn darauf verwiesen, dass eine durchschnittliche Zeitspanne von 10 bis 15 Jahren vorliegt, in der *kein* Familienmitglied stirbt (Hahn 1968: 23).[44] Zwar ist diese Eindämmung der *Sterblichkeitsraten*[45] im frühen Lebensalter als positive moderne Errungenschaft zu werten, dennoch geht sie gleichzeitig mit einem weitreichenden Mangel an Erfahrungsmöglichkeiten einher.

Das Erleben des Todes anderer kann elementare Erfahrungsprozesse auslösen, die wiederum von Bedeutung für das Wissen und die emotionale

---

[43] Gleichwohl Wissenschaftler wie bspw. Baldo Blinkert inzwischen wieder davon ausgehen, dass in unserer modernen alternden Gesellschaft Sterben und Tod deutlich in den alltäglichen Erfahrungshorizont gerückt ist, allerdings vorrangig in der Altergruppe der gegenwärtig 40-60jährigen (Blinkert 2003).

[44] Dem könnte entgegnet werden, dass nicht allein der Verlust von direkten Angehörigen der Familie den Einzelnen mit Tod und Sterben in Berührung bringt, da sich soziale Kontakte weit über die Familie hinaus erstrecken. Dennoch ist zu konstatieren, dass die Erfahrung mit dem Sterben eine seltene Erfahrung geworden ist (Dreßel et al. 2002).

[45] Die Sterblichkeit an sich kann nicht verhindert werden.

Gewissheit um die eigene Sterblichkeit sind (vgl. Hahn 1968: 59ff). Statistisch gesehen zählt der Umgang mit Sterbenden nur noch selten zu sozialisatorischen Lernprozessen. Primärerfahrungen sind in großen Teilen durch (mediale) Sekundärerfahrungen ersetzt worden (Feldmann 2004). Aufgrund dieser Verschiebung scheinen Unwissenheit und Unsicherheiten vorprogrammiert. Dennoch muss betont werden, dass heute die Art der Beziehung zur verstorbenen Person vielmehr zählt als die bloße Häufigkeit erlebter Todesereignisse (vgl. Hahn 2002; Bednarz 2004).

Umfrageergebnisse der Studie in Thüringen belegen, dass nur rund ein Drittel der Befragten Erfahrungen mit der Pflege eines Sterbenden hatten (Dreßel et al. 2002: 15ff).[46] Bei Menschen unter 30 Jahren sanken die Zahlen auf 10 %. Sogar 49 % waren der Meinung, dass man das Thema Tod und Sterben vor Kindern so lange wie möglich fern halten sollte (Dreßel et al. 2002: 35). Mehr als die Hälfte der Befragten scheinen somit keinerlei Erfahrungswerte im direkten, begleitenden Umgang mit Sterbenden zu haben. Fast die Hälfte sind der Meinung, dass Kinder vor derartigen Erfahrungen gewissermaßen geschützt werden sollten.[47]

Die veränderten Haushalts- und Familienstrukturen führen weiterhin dazu, dass Menschen sich häufig erst dann direkt im Umgang mit Sterben und Sterbenden üben müssen, wenn ein Mitglied der Primärfamilie betroffen ist. Dieser Erfahrungsverslust steht im Zusammenhang mit einer Art Privatisierung des Sterbens (Feldmann 1990: 72f). Dabei ist Privatisierung allein auf die Bedeutung bezogen, die das Sterben eines Einzelnen für eine größere Gemeinschaft von Menschen hat. All zu einfach macht man es sich m. E., wenn man die Zahl der Verstorbenen in Krankenhäusern als Gegenargument zur Privatisierung anführt.[48] Auch das Sterben im Krankenhaus ist nicht per se ein öffentlicher Akt. Die Krankenhausorganisation unterliegt vielmehr ihren eigenen sozialen Gesetzmäßigkeiten. Zwar befindet sich das betreffende Individuum nicht mehr in seiner privaten Sphäre, doch wird den Sterbenden im Krankenhaus auch keine öffentliche Aufmerksamkeit gewidmet.

Im Vergleich zu vormodernen Gesellschaftsformen stellt der Verlust einer Person also keine öffentliche Angelegenheit mehr dar. Aufgrund ver-

---

[46] Es ist dabei schwer einzuschätzen, was Pflege in diesem Fall alles umschließt. Zudem geht m. E. aus dem Ergebnisbericht nicht eindeutig hervor, ob sich diese Erfahrungen in der Pflege Sterbender nur und ausschließlich auf den privaten und nicht professionellen Alltag beziehen (vgl. Dreßel et al. 2002: 15ff).

[47] Mit dieser Untersuchung wurde die Einstellungsebene und mit dem Tod verbundene Vorstellungen abgeklopft. Über das tatsächliche Handeln der Akteure bzw. Änderungen der Einstellungen können demzufolge keine Angaben gemacht werden.

[48] Vgl. zu diesem Aspekt z. B. Schmied (1985: 36).

änderter Familienstrukturen sind so lediglich die, die enge Privatsphäre umfassenden Personen, vom Tod des jeweils Anderen betroffen. Ariès bezieht sich in seiner sozialhistorischen Studie über die „Geschichte des Todes" auf die Schnelllebigkeit und Anonymität der Großstadt. Er stellt heraus: „Das Leben der Großstadt wirkt so, als ob niemand mehr stürbe" (Ariès 1982 [1978]: 716). Der Tod des Individuums unterbricht nicht das kontinuierliche Gefüge gesellschaftlichen Lebens, sondern die Bewältigung des Problems scheint weitestgehend auf das Individuum und dessen Umfeld zurückgeworfen. Im Zuge vielschichtiger Modernisierungsentwicklungen und im Hinblick auf die Individualisierungsmechanismen, denen die modernen Menschen ausgesetzt sind, steigt die Betrachtung der Art und Weise des krankheitsbedingten Sterbens. Aus einer übergeordneter Sicht bleibt der individuelle Tod einer Person aber ein peripheres Ereignis. Für die Bezugspersonen auf der Mikroebene stellt er jedoch nahezu eine persönliche Katastrophe dar (vgl. Feldmann 1997: 39), insbesondere der Charakter der Beziehung ist hier entscheidend. Die Bearbeitung dieser Diskrepanz wird den Individuen abverlangt. Sie sehen sich als vergesellschaftete Wesen Schwierigkeiten gegenübergestellt, für deren Bewältigung sie gesellschaftlich zumeist wenig Anhaltspunkte finden können.

Nassehi geht davon aus, dass „die Einbettung von Tod und Sterben in die Gesellschaftsstruktur in früheren Gesellschaftsformen gewährleistete, dass das Sterben stets begleitetes Sterben und der zu erwartende Tod eher verstehbarere Tod war" (Nassehi 1992: 21). Imhof hingegen widerspricht einem solches Verständnis und schreibt: „Gestorben wurde häufig *allein*. [...] Niemand drängte sich unnötig ans Sterbelager, auch ‚die Liebsten' nicht [Herv. im Orig.; Anm. TM]" (Imhof 1994a: 11). Vor allem bei Nassehi bleibt offen, auf welche Zeitepoche sich der Autor eindeutig bezieht. Imhofs Ausführungen sind gekennzeichnet durch Verweise auf mittelalterliche Seuchen- und Kriegszeiten. Bei allen Unklarheiten wird dennoch zweierlei deutlich: Sterbende Personen stehen in einer spezifischen Abhängigkeit zu familialen und sozialen Strukturen. Weiterhin existieren soziale Vorstellungen darüber, welche Umstände keinesfalls zu den wünschenswerten im Sterben zu zählen sind.

Der Soziologe Norbert Elias macht die starke Tendenz zur Individualisierung und damit auch zur Entsozialisierung dafür verantwortlich, dass der Sterbende, der vormals im Kreise der Familie geborgen war, im Abschiedsprozess mehr und mehr vereinsamt. Weder in den medizinischen Kliniken noch in den Heimen für alte Menschen und Pflegebedürftige sieht er Einrichtungen, die zur Begleitung von Sterbenden vorgesehen sind (Elias 1982). Sind das engste soziale Umfeld, primär die Familie, sofern noch vorhanden, nicht mehr in der Lage sterbende Mitglieder zu betreuen oder sollte diese Aufgabe intergenerationaler Verantwortung nicht vielmehr auf verschiedene Akteure verteilt werden? Die demographische Alterung mag zwar dazu beitragen, dass es immer häufiger hochaltrige Menschen gibt, die keinerlei Angehörige mehr haben. Auch Großfamilien vergangener Zeiten, in denen Sterben und Tod vielleicht nicht zum Alltag gehörten, aber dennoch alltäglichere Gegebenheiten darstellten, sind abgelöst durch kleine Haushaltsformen. Der Behauptung von Ochsmann (1994: 185), es gäbe insgesamt wenig gesicherte Erkenntnisse über die Pflegesituation in Familien, muss mit Blick auf den gegenwärtigen Stand pflegewissenschaftlicher und gerontologischer Forschung widersprochen werden (vgl. Müller/Bird/Bohns 2004). Wobei jedoch der Verlauf von Pflegephasen noch unterbelichtet ist und es letztlich kaum möglich ist die Pflege Sterbender gesondert von den allgemeinen Daten zur familiären Pflege zu betrachten. So bleibt im Endeffekt auch der Wissensstand zu Bereitschaft oder Motivation familiärer Pflege Sterbenskranker gering, gleichwohl in einigen Untersuchungen auch zur innerfamilialen Pflegeentscheidungen geforscht wird (vgl. u. a. Gröning 2004; Geister 2004). Fundierte Aussagen sind vor diesem Hintergrund zum Bereich Sterbebegleitung in der Familie kaum zu treffen (Seibert et al. 1997: 5).

Die Veränderungen von Lebenszeit im Laufe des Lebenslaufes haben zu einer Auflösung und gleichzeitigen Verdichtung familiärer Strukturen geführt (Bertram 1995). Es hat keine gänzliche Auflösung der Familie bzw. familiärer Bindungen stattgefunden, wie es manchmal polemisierend dargelegt wird. Im Gegensatz zu traditionalen Gesellschaftsformen zeichnet sich die Primärfamilie heute in der Regel durch intimere Bindungen aus. So sind trotz hoher Mobilität grundsätzlich enge Beziehungsbindungen möglich. Es hat ein Wandel der Familienform und des Zusammenlebens stattgefunden: „Von der Haushalts- zur multilokalen Mehrgenerationenfamilie" (Bertram 1995: 13). Inwiefern die familiären Bindungen tatsächlich tragsicher und eng oder vielmehr instabil sind bzw. sich gar in Auflösung befinden, kann m. E. nur der Einzelfall klären.

Im Hinblick auf die Betreuung Sterbender zieht Reimer Gronemeyer den Schluss, dass Familie mit ihren Möglichkeiten der Begleitung Sterbender angesichts professioneller und medizinischer Betreuung in den Hintergrund gestellt wird. Seine Kritik richtet sich dabei in erster Linie gegen die Dominanz von Fachlichkeit, die starke Tendenz der Professionalisierung und die herausgehobene Stellung des medizinischen Apparates. Erst angesichts dieses geballten Fachwissens scheint sich Familie als mikrostrukturelle Sozialform nicht in der primären Verantwortung zu sehen. (Gronemeyer

2002: 140). Die Ergebnisse der Thüringer Studie zeigen dennoch auf, dass Familie im Sterbeprozess zu den wichtigsten Bezugspunkten der Befragten zählt und zählen würde. Familie, insgesamt enge soziale Beziehungen, bildet demzufolge eine elementare Ressource bei der Bewältigung von existenziellen Situationen (Dreßel et al. 2002).

2.4.2 Das *eigene* Leben und Sterben

Die Institutionalisierung des Lebenslaufes[49] als modernem Modus der Vergesellschaftung von Individuen hängt maßgeblich mit dem Anstieg der Lebenserwartung zusammen (vgl. Kap. 2.3.1/ Kohli 1985: 4ff). Die lebenszeitliche Dimension, der chronologische Alterungsprozess der Individuen im Verlauf ihres Lebens ist zu einem zentralen, strukturierenden Element sowohl individuellen als auch gesellschaftlichen Lebens geworden. Der Eigengestaltung und Selbstbestimmung über das eigene Leben, durch das freigesetzte Individuum, wird vor diesem Hintergrund in der gegenwärtigen Gesellschaftsordnung eine zentrale Rolle zugeschrieben. Das einzelne Individuum muss vielfältige Anforderungen erfüllen. Jeder Mensch ist mehr als ein bloßer biographischer Lebensläufer, denn das Leben verläuft nicht eindimensional in zeitlicher Abfolge von Abschnittssequenzen. Moderne Individuen stellen Träger und Konstrukteure ihrer eigenen Biographie dar. Ulrich Beck sieht das moderne Subjekt quasi gezwungen sich als „Sinn- und Biographie-Bastler zu verstehen und [..] [die] eigene und soziale Existenz, einschließlich des möglichen Scheiterns, (mit)zugestalten" (Beck 1995: 171). Es stellt sich die Frage nach Gestaltungsmacht oder Mitgestaltungsmacht. Nach Beck ist das eigene Leben ein vergesellschaftetes Leben, es zeichnet sich weder durch puren Individualismus aus, noch ist es wirklich ein autonomes, gesellschaftlich losgelöstes Leben. Es richtet sich nach einer „institutionalisierten Programmatik" (Beck 1995: 171). Sowohl die eigene Gestaltung als auch die Abhängigkeit von modernen Gesellschaftsstrukturen sind also kennzeichnend für das *eigene Leben* und somit auch das *eigene Sterben* als moderner Existenzform.

Die Chancen, die in der eigenen biographischen Konstruktionsleistung des Lebens liegen, mehren gleichzeitig die Gefahren, die in der eigenen Vergänglichkeit gesehen werden können. Aus Becks Perspektive endet das

---

[49] Unter Institutionalisierung des Lebenslaufes wird die soziale Tatsache verstanden, dass der Verlauf des Lebens einer eigenen strukturellen Ordnung, einem gesellschaftlichen Regelsystem unterliegt. Zu weiteren Kriterien und den anfänglichen Ausführungen einer Soziologie des Lebenslaufs schreibt der Lebenslaufsoziologe Martin Kohli (Kohli 1985, 1978).

eigene Leben mit sich selbst (Beck 1995: 172). Je eigener allerdings das Leben, desto unersetzbarer, desto eigener auch der Tod. Durch das Ende des Lebens, durch den eigenen Tod, erhält das *eigene* Leben eine herausragende Bedeutung und Kostbarkeit.

Die Tabelle 4, übernommen von Schneider (1995), fasst den Unterschied zwischen traditionellen und modernen Auffassungen vom Leben, Sterben und Tod aus soziologischer Perspektive zusammen. Die wesentlichsten Punkte werden anschließend noch einmal kurz erläutert.

Tab. 4 Leben – Leiden – Sterben – Tod: das moderne Todesdispositiv[50]

	Traditionelles Weltbild	**Modernes Weltbild**
	Gekennzeichnet als gegebene göttliche Ordnung von Diesseits und Jenseits	Gekennzeichnet als vom Menschen gestaltbare Gesellschaftsordnung
Leben	Umfasst die diesseitige, zeitlich begrenzte sowie die jenseitige, ewige Existenz mit ihrer dortigen Erlösungsverheißung	Umfasst die diesseitige Existenz, orientiert an der individuellen Verwirklichung der Verheißung der Moderne im >*eigenen* Leben<
Leiden (Krankheit)	Wird als Prüfung verstanden und verdient der Vorbereitung der moralischen Existenz im Jenseits	Verweist auf die Defizite individueller oder kollektiver Existenz einschl. der gleichzeitigen Aufforderung zu deren Vermeidung oder Beseitigung
Sterben	Das >gute Sterben< dient wie das Leiden zur Vorbereitung auf die jenseitige Existenz; Das >schlechte Sterben< ist das unvorbereitete, weil plötzliche Sterben (Bezugsrahmen: jenseitige Existenz)	Wird als biologischer Vorgang, das >gute Sterben< verläuft schnell und plötzlich, das >schlechte Sterben< langsam und qualvoll (Bezugsrahmen: diesseitige subjektive Erfahrung)
Tod	Durchgangsstadium, symbolisiert Vergänglichkeit und Erlösung der Verdammnis	Endpunkt des Lebens

Quelle: Schneider 1999: 153

In traditionalen Gesellschaftsformen wurde der Tod als Übergang vom Diesseits in ein Jenseits verstanden. Religiöse Vorstellungen über die jen-

---

[50] Schneider greift den Terminus *Dispositiv* aus der Diskursanalyse von Michel Foucault auf. Darunter wird „[...] ein Netzwerk heterogener Elemente (aus Gedanken, Gesprächen, Gesetzen, Einrichtungen, Wissenschaften), die in ihrem wechselhaften Zusammenspiel auf gesellschaftliche Erfordernisse antworten" verstanden (Lautmann 1995: 147).

seitige Existenz bestimmten das Leben und beschränkten dieses insgesamt nicht auf die irdischen Jahre.

Das moderne Sterbeszenario ist nach Schneider dadurch charakterisiert, dass das menschliche Leben durch den Tod beschlossen wird. Der Tod befindet sich im Leben und stellt dessen endgültigen Abschluss dar. Unsterblichkeitskonzepte, Vorstellungen über ein jenseitiges Leben sind getrennt von einer gesellschaftlichen Vermittlungsebene. Die Relevanz religiöser Vorstellungen ist folglich auf gesellschaftlich struktureller Ebene gering.[51] Säkularisierung bezieht sich primär auf die Trennung gesellschaftlicher (Vermittlungs-) Instanzen von religiösen Aspekten und Zwängen. In diesem Zusammenhang schreibt der Soziologe Detlef Pollack in Anlehnung an Thomas Luckmann (1971) von einem „Relevanzverlust" der traditionellen, durch Kirche gestifteten Sinnhorizonte bezüglich Leben und Tod (Pollack 1996: 57). Inwieweit man von einer Säkularisierung des Individuums ausgehen kann, ist religionssoziologisch stark umstritten. Dem angenommenen individuellen Glaubensverlust steht eine moderne, plurale Religiosität entgegen. Zwar haben kollektiv religiös vermittelte Darstellungen und Konzepte in der modernen fragmentierten Welt an Einfluss verloren. Es ergeben sich ebenfalls Schwierigkeiten, den Tod über eine erklärbare Wirklichkeit des Menschen hinaus zu verstehen bzw. sich vorzustellen. Doch wie Walter Neidhart in einem Aufsatz zur „Auseinandersetzung mit dem Sterben" feststellt, haben sich die individuellen Vorstellungen über eine transzendente Existenz durch Säkularisierung nicht verflüchtigt. Es ergeben sich hingegen viele subjektiv ausgeformte Antworten auf die Frage nach einem Leben bzw. der Form des Lebens nach dem Tod (Neidhart 1995: 260f). Ebenso weist Feldmann daraufhin, dass: „Unklarheit darüber [herrscht], wieweit die Säkularisierung, die sich vor allem im zentralen Bereich der Ökonomie durchgesetzt hat, auch im Bewußtsein der Individuen dominant ist [sic]" (Feldmann 1997: 10).

Wenn Gronemeyer von einer „Säkularisierung des Todes" spricht, verbindet er mit dieser Formel, die moderne Vorstellung der Manifestation des Todes im Körper (Gronemeyer 2002: 139ff). Das Sterben wird infolge des naturwissenschaftlichen Paradigmas als todbringende Krankheit bekämpft. Es tritt in Form krankheitsbedingten Versagens körperlicher Funktionen auf. Die Einbettung von Leben und Sterben in einen universalen Gesamtzusammenhang wird vernachlässigt.

---

[51] Über die Konsequenz des Wegfalls von Unsterblichkeitsvorstellungen und die Reorganisation sozialer Lebenspraxis schreibt u. a. Weber (1994: 122f).

2.4.3 Gestaltung des Lebensendes

Ein würdiger[52] Umgang mit Sterbenden steht in besonderem Maße im Spannungsfeld von Selbst- und Fremdbestimmung. Nicht erst den konkreten Tod vor Augen habend, wird die Tragweite dieses Spannungsfeldes deutlich. Sterben beginnt unter objektiver Perspektive dann, wenn es durch jeweils andere, insbesondere Angehörige der medizinischen Profession, diagnostiziert, mitgeteilt oder beschrieben wird. Subjektive Einschätzungen, die durch die sterbenden Personen selbst getroffen werden, treten in der Betrachtung häufig in den Hintergrund. Dies liegt vor allem in strukturellen Faktoren begründet. Das heißt "im Sterben zu liegen", bedeutet vielfach an Krankheit zu leiden und auf weitgehende pflegerische Hilfen angewiesen zu sein. Dem professionalisierten medizinischen und pflegerischen Sektor sind diesbezüglich wesentliche Aufgabenfelder übertragen.

Wie bereits erläutert, sind es die Bedingungen und beeinflussenden Faktoren, unter denen Menschen sterben, die als menschenunwürdig, als inhuman erscheinen können. Ein humaner Sterbeverlauf steht in direkter Korrespondenz mit den die Sterbesituation bedingenden Faktoren. Schmied sieht die Bedingungen eines menschenwürdigen Sterbens darin, dass dem Sterbenden nicht mehr Belastungen auferlegt werden, als die Belastungen, die durch seinen körperlichen und psychischen Zustand als unvermeidlich gelten (Schmied 1994: 164).

Die Einschätzung und Bewertung angemessener Bedingungen sind vom gesellschaftlichen Menschenbild und Todesverständnis abhängig. Die Medizinhistorikerin Claudia Wiesemann konstatiert, dass mit dem Wegfall der verkörperten Individualität, bezogen auf die physische Integrität des Körpers, z. B. durch die Möglichkeit der Organtransplantation, die Relevanz der individuellen Autonomie zugenommen hat bzw. gestärkt wurde (Wiesemann 2001: 550f). In unserer individualisierten Gesellschaft ist die scheinbare Autonomie der eigenen Person ein hoch gehandeltes, somit aber auch ein vielfach gefährdetes Gut. Nicht zuletzt mit dem Verlust körperlicher Funktionsmechanismen, dem Angewiesensein auf Pflege wird deutlich, dass der Mensch als Mensch auch immer auf die Versorgung, Solidarität und Mitmenschlichkeit anderer angewiesen ist.

Die Perspektive dass der Tod heute vielfach keinen Übergang sondern ein Ende darstellt, lässt viele Menschen schwer an ihrem Schicksal tragen.

---

[52] Der Begriff der Würde ist ein schwieriger und definitorisch nicht eindeutig festlegbarer. Peter Kampits verweist darauf: „Würde hat vielmehr einen lebensweltlichen und hermeneutischen Charakter, der immer wieder für eine neue Auslegung und eine neue Bestimmung und eine neue Definition offen ist. Wir haben ein Gespür für Situationen, die wir als entwürdigend bezeichnen können" (Kampits 2000: 30). Der Würdebegriff wird gegenwärtig stark an die Fragen menschlicher Autonomie geknüpft.

Das eigene Leben ist bedroht vom Sterben. Da wir den Tod nicht wissen, ihn nicht erfahren, tritt an seine Stelle das Sterben. Die Todesfurcht ist eigentlich eine Furcht vorm Sterben; einem langsamen, qualvollen Sterben (Beck 1995: 173).

Nach Loewy sind die größten Ängste auf den Verlust der Selbstbestimmung und körperlicher Funktionsfähigkeit bezogen (Loewy 2002: 19). Vor allem die strukturelle Abhängigkeit führt in einer individualisierten Welt zu dem Wunsch auch über den Tod, den Todeszeitpunkt bestimmen zu wollen. Ethische Fragen zum Sterben stehen in einem engen Zusammenhang mit der rechtlichen Frage nach Patientenverfügungen. Vorausverfügungen zählen gewissermaßen zum modernen Repertoire des selbstbestimmten Handelns bis zum Lebensende, vor allem in Situationen der Unfähigkeit zur Willensäußerung.

Im individuellen Lebensentwurf erfährt Sterben eine biographische Einbettung im gesamten Lebensprozess. Hans-Joachim Schmoll fügt hinzu, dass der Sterbeprozess, ähnlich wie die biographische Konstruktionsleistung, von weit mehr Faktoren abhängig ist. Das soziale Umfeld der sterbenden Person und das Verhältnis zwischen beidem, sieht er maßgeblich für die Art des Sterbens aber auch die Möglichkeiten des Sterbebeistandes verantwortlich (Schmoll 1979: 40). Die Art der Gestaltung des Sterbeprozesses kann sich letztlich nur an diesen Gegebenheiten orientieren.

2.4.4 Fazit

Die Verschiebung des Todes in die späten Lebensjahre lässt konkrete Fragen zum eigenen Sterben meist erst in dieser Lebensphase aktuell werden. Es ergibt sich dadurch eine lange biographische Spanne, während der die Mehrzahl der Individuen kaum Kontakt mit dem Tod hat. Der Tod, eigentlich ein Lebensthema, scheint in jungen Lebensjahren fern zu sein. Eine trügerische Unsterblichkeit, trägt viele Menschen dank vielseitiger Gesundheitsvorsorge und Krankheitsprävention ins hohe Alter (vgl. Imhof 1998: 121). Mehrfach werden daher Überlegungen zu einer *ars vivendi* als neue, moderne Form der *ars morendi* angestoßen.[53]

Pauschal ist allerdings die romantisierende Vorstellung einer Sterbesituation im Kreise der Familie früherer und gegenwärtiger Zeiten nicht aufrecht zu erhalten (vgl. Fischer 1997/ Imhof 1998). Vor allem Fischer kritisiert Ausführungen, die sich eines undatierten „Früher[s]" bemächtigen

---

[53] Imhof schreibt über die *Kunst des Lebens* als bewusste "Anleitung" zur *Kunst des Sterbens* (vgl. Imhof 1998, 1994a).

und damit versuchen, das Sterben eines Menschen in familiärer Gemeinschaft, verbunden mit harmonischen Emotionen, als "guten" Abschied im Kontrast zum heutigen, oftmals anonymen Sterbeszenario darzustellen. Insbesondere der Wandel der Familienstrukturen im Zusammenhang mit einer veränderten Krankheitsbehandlung und den allgemein gestiegenen Anforderungen an das moderne Individuum haben dazu geführt, dass die Betreuung Sterbender nicht mehr ohne weiteres im Rahmen der Familie organisiert wird. Gleichwohl muss hinzugefügt werden, dass der Familie eine nicht zu unterschätzende Rolle im Umgang mit ihren Sterbenden zukommt. Hier überwiegt m. E. der Forschungsbedarf den gegenwärtigen soziologischen Wissensstand.

Der Wandel des Sterbens führt dazu, dass Sterben größtenteils in Verbindung mit Krankheit betrachtet wird. Der Sterbende ist Patient, ist kranke Person. Im Kontext von Krankheit und Leiden wird der Sterbeprozess oft selbst als physiologische Krankheit wahrgenommen. An einem derartig geprägten Bild von Sterben und Tod orientieren sich spezifisch moderne Normen und Handlungsprinzipien. Im Versuch, die eigene Autonomie bis zum Ende zu wahren, stellen individuelle Vorsorgemaßnahmen eine Chance dar, Einfluss auf die Bedingungen des eigenen Sterbens auszuüben.

Die Notwendigkeit der biographischen Ausgestaltung des Lebens, die Voraussetzungen, die sich daraus für den individuellen Sterbeprozess ergeben, verstärken die Begrenztheit ausgehend vom Ende des eigenen Lebens empfunden werden kann. Allerdings ist die soziologisch stark verankerte Auffassung vom eigenen Tod und damit dem Ende der individuellen Existenz an die Prämisse gekoppelt, dass die jeweilige Identität in der Körperlichkeit sowie durch die Gegenwart einer Ich-Wirklichkeit begründet liegt. Stephen Levine (1991 [1982]) beschreibt in seinem Buch „Wer stirbt?" nachdrücklich, dass die individuelle Identität einzig auf der Konzept- und Reflexionsebene verankert ist.

2.5 Exkurs zur Diskussion um Verdrängung von Tod und Sterben – exemplarische Standpunkte

Eine These, der auffallend häufig in thanatologisch orientierten Publikationen Rechnung getragen wird, ist die über die *Verdrängung des Todes*. Dabei ist es schon problematisch, von *einer* These zu sprechen. Sie wird in vielfacher Art und Weise aufgegriffen, beleuchtet und bewertet. Es hat sich dazu ein kontroverses Diskussionsfeld zur Frage des Stellenwertes und des Umgangs mit Sterben und Tod entwickelt. Trotz unterschiedlicher Deutungsweisen werden Überschneidungspunkte deutlich. Sie beziehen sich einerseits auf die hohe Relevanz, die einer Betrachtung des Verdrängungsaspektes beigemessen wird. Andererseits basieren sie auf der Feststellung, dass eine alltagsweltliche, überproportionale Nutzung der Verdrängungssemantik vorliegt, ohne den Bedeutungsgehalt und dahinter stehende Prozesse zu erläutern.

Die offensichtliche Diskrepanz zwischen unreflektiertem und inflationärem Gebrauch der Verdrängungsformel sowie deren Klarheit wird u. a. von Norbert Fischer kritisiert (Fischer 1997: 17f). Der Verdrängungsbegriff bezeichnet ausgehend von der Psychoanalyse einen intrapersonalen Abwehrmechanismus. Psychische Mechanismen sind diejenigen, die im Kontext des Verdrängungsbegriffs eigentlich im Vordergrund stehen. Aus Angst, einem Unlustsignal des Ichs, werden Gedanken, Gefühle u. Ä. ins Unbewusste verdrängt, da sie sonst die psychische Balance gefährden könnten (vgl. Nassehi/Weber 1989: 158f). Die direkte Übertragung dieses ursprünglichen Verständnisses auf eine gesellschaftliche Ebene greift nicht nur nach Fischer viel zu kurz (Fischer 1997: 17). Gesellschaftliche Gegebenheiten können nicht anhand eines psychologisch geprägten Verdrängungsbegriffes beschrieben werden, darauf verweist auch Schneider. Er fügt in Anlehnung an Soziologen wie Hahn und Schmied hinzu, dass auf personaler Ebene gerade das intensive Erleben eines Verlustes, das Sterben eines Angehörigen, vielfach die Auseinandersetzung mit Fragen zu Sterben und Tod erst anregt (vgl. Schneider 1999: 37/ Schmied 1985: 38f/ Hahn 1968: 59ff, 137). Trotz des Problems begrifflicher Unschärfe, soll ein Blick auf dahinter liegende Annahmen und Argumentationen weiteren Aufschluss geben. Denn die Betrachtung einzelner die Verdrängungsthese stützender Kernaussagen, gibt m. E. mehr Auskunft über die Hintergründe der Diskussion. Schneider nennt sie auch „Verdrängungsrhetoriken" (Schneider 1999: 28).

Auf Grund der psychoanalytischen Besetzung des Verdrängungsterminus formulieren die beiden Soziologen Nassehi und Weber einen soziologischen Verdrängungsbegriff[54]. Sie wollen aufzeigen, dass in der modernen Gesellschaft eine strukturell bedingte gesellschaftliche Verdrängung vorherrscht (Nassehi/Weber 1989: 163ff). Der Verdrängungsmechanismus stellt jedoch keinesfalls eine anthropologisch universal begründete Verhaltensweise dar. Der Mensch ist in der Lage mit dem Wissen um den (eigenen) Tod umzugehen, es bzw. ihn zu akzeptieren. Er ist nicht allein durch sein Menschsein und das sozial geprägte Wissen um die eigene Sterblichkeit gezwungen diese zu leugnen. Beide Autoren widersprechen nicht, dass ein gewisses Verdrängungsmaß an notwenig sein kann, um alltagspraktische Handlungen in gewohnter Weise aufrecht zu erhalten (Nassehi/Weber 1989: 162).

Nassehis und Webers Analysen beschäftigen sich im Kern mit der kollektiven Sinngebung des Todes. Einen zentralen Stellenwert erhält in ihren Betrachtungen die symbolische Sinndeutung des Todes für den menschlichen Alltag. Ihre Ausführungen stützen sich auf modernisierungs- und systemtheoretische sowie wissenssoziologische Annahmen von Luhmann, Habermas sowie Berger und Luckmann. Sie geben ihnen "Handwerkszeug" um Aussagen hinsichtlich der Konstitution der modernen Gesellschaft zu treffen. Ihrer Ansicht nach ist die Sinngebung des menschlichen Todes, im Gegensatz zu früheren Gesellschaftsformen, nicht mehr einheitlich strukturell gebunden. Ursächlich verantwortlich machen sie hierfür die funktionale Fragmentierung der Gesellschaft und damit einhergehend die Abkopplung der Sinngebung durch gesellschaftlich institutionalisierte Strukturen.

Der Tod wird für das Individuum erst in seinem lebensweltlichen Zusammenhang konkret. Doch für den Einzelnen ist es zunehmend schwieriger, ja fast unmöglich den Tod sinnstiftend zu verstehen, ihn in das eigene Leben zu integrieren. Es bestehen keine kollektiven, einheitlichen Vorgaben mehr. Pluralisierte Lebenseinstellungen, Wert- und Normvorstellungen verlangen den Individuen ihre je eigene Sinnkonstruktion ab. Dies bedeutet sowohl größere Freiheit, aber es herrscht ebenfalls ein höheres Risiko das einzelne Subjekt zu überlasten. Das Nichtvorhandensein einer bewussten sozialen Sinnstiftung, eines Todesbewusstseins aus und durch moderne Wissensstrukturen wird über die Analyse soziologischer Gegenwartstheorien aufgedeckt und untermauert. Thanatopraktische Elemente[55], die den Umgang mit Sterben und Tod kennzeichnen, sind aus ihrer Sicht sichtbare

---

[54] Im Kern stellen sie sich die Frage: „Warum und unter welchen spezifischen Bedingungen tritt in der Moderne eine Nichtbeachtung und Ausklammerung des Todes auf, die wir in Abgrenzung zum psychoanalytischen Verdrängungsbegriff fortan eine gesellschaftliche Verdrängung des Todes nennen wollen" (Nassehi/Weber 1989: 164)?

[55] Darunter sind Aspekte des konkreten Umgangs mit Sterben und Tod zu rechnen, z. B. Bestattungsriten, Umgang mit dem Leichnam, Interaktion mit Sterbenden im Krankenhaus etc.

Symptome der strukturellen Verdrängung. Sie dienen weniger als Erklärungsmuster für gesellschaftliche Verdrängung (vgl. Nassehi/Weber 1989: 165). Sie kritisieren eine *„Kritische Thanatologie* [die] die Sinnfrage angesichts des Todes weitgehend aus[klammert] [Herv. im Orig.; TM]" und sich einseitig den gesellschaftlichen Bedingungen des Sterbens widmet (Nassehi/Weber 1989: 159).

Feldmann zählt demnach zu jenen „kritischen Thanatologen". Er widerspricht der Feststellung, in der modernen Gesellschaftsform würde Tod grundsätzlich als Problem verdrängt. Kennzeichnend für die gesamte Debatte steht seine Argumentation keinesfalls im diametralen Schluss zu den Erkenntnissen von Nassehi und Weber. Er verhandelt die Verdrängungsproblematik auf anderem Abstraktionsniveau. Versuchen Nassehi und Weber ihr Analyseschritte in den Rahmen eines gesellschaftstheoretischen Kontextes zu stellen, so basieren seine Erläuterungen auf sozial-empirischen Kriterien des gesellschaftlichen und individuellen Lebens. Feldmann widmet sich verstärkt den Bedingungen des Sterbens. Er sieht vielmehr eine Kontrolle über Tod und Sterben als Charakteristikum der Moderne an: „Wir leben nicht im Zeitalter der Verdrängung des Todes, sondern der Kontrolle, ja des erfolgreichen Kampfes gegen Sterben und Tod" (Feldmann 1997: 39). Auch er bestätigt die Notwendigkeit einer individualisierten (und individuierten) Sinnfindung. Doch wird die emanzipatorische Chance der Eigengestaltbarkeit höher bewertet als der Grad der Verunsicherung durch das Nichtvorhandensein einer übergreifenden Sinngebung. So sind für Feldmann die Eindämmung der hohen Sterblichkeit in jungen Jahren, das Bemühen der Menschen gesund zu leben und so ein frühes Todesrisiko zu minimieren, öffentliche Diskurse um Euthanasie, Selbstmord und Krieg oder durch Massenmedien in eine breite Öffentlichkeit getragene Todesdarstellungen nur einige Indizien dafür, dass Tod und Sterben in der modernen Gesellschaft „realitätsgerechter" verarbeitet werden (Feldmann 1997: 39ff). Er setzt dies in Bezug zu früheren Zeiten, doch m. E. bleibt letztlich offen, welcher Zusammenhang geknüpft werden soll. So ergeben sich aus den Annahmen eines realitätsgerechteren vor allem kontrollierten Umgangs mit Sterben und Tod in Verbindung mit einem prinzipiell unkontrollierbaren Leben mehr Fragen als Antworten.

Der Kulturhistoriker Norbert Fischer sieht wie andere auch (Nassehi 1992, Schmied 1985), in der verstärkten medialen Präsenz des Themas Tod einen starken Widerspruch zur allgemeinen Annahme der Verdrängung. Wenn überhaupt, dann spricht Fischer von einer Art Tabuierung, z. B. bei der Behandlung des Leichnams, die lediglich unter spezifisch hygienischen und wissenschaftlichen Prämissen durchgeführt werden soll (vgl. Fischer 1997: 17).[56]

Der Tod der anderen, das kollektive Sterben von Menschen in heutigen Kriegs- und Krisengebieten, der Tod populärer und berühmter Personen sowie Gewaltverbrechen erlangen durch massenmediale Verbreitung einen hohen Grad an Sichtbarkeit. Eine breite Öffentlichkeit wird über den "unnatürlichen" Tod informiert und unterrichtet. Dem gegenüber sind das zivile Sterben, der gewöhnliche Tod, weniger beachtet. Dies mag auch daran liegen, dass Letztere medial nicht ohne weiteres aufzuarbeiten sind.

Ob Sterben und Tod gleichermaßen verdrängt werden, ist ein weiterer Aspekt, der von Nassehi ins Feld geführt wird (vgl. Nassehi 1992). Ebenso wie den Forderungen nach der Beachtung differenzierter Todesdefinitionen bzw. -dimensionen Rechnung getragen werden sollte, ist die Unterscheidung von lebensimmanentem Prozess und transzendentem Ereignis zu beachten. Nassehi weist daraufhin:

„Das Sterben als Prozess zum Tode hin lässt sich letztlich nicht verdrängen, da es empirisch stets vorkommt und nicht ignoriert werden kann. Allerdings scheint es die Verdrängung des Todes zu sein, die dem Umgang mit dem Sterben und mit Sterbenden besonders prekär macht" (Nassehi 1992: 19).

Schneider stellt fest, dass vor allem der Bezug zum eigenen Tod, zum eigenen *Memento mori*[57] mangelhaft ist bzw. die größten Probleme bereitet (Schneider 1999: 31), in der individualisierten Welt erlangt der eigene Tod eine Sonderstellung.[58]

Die Ambivalenz der Individualisierung besteht darin, dass sie sowohl als Chance als auch als Last für die Sinngebung des Einzelnen begriffen werden kann. Die unterschiedlichen aufgeführten Standpunkte erscheinen vor diesem Hintergrund aus ihrer jeweiligen Perspektive nachvollziehbar. Eine eindeutige Antwort auf die Verdrängungsfrage scheint mir wenig aufschlussreich, vielmehr weist sie auf die subjektive Position des Betrachtenden hin.

Unbestritten und zum Erhalt näherer Erkenntnisse unbedingt zu unterstützen, ist Feldmanns Forderung nach empirischen Studien, die tieferen Aufschluss über die subjektive soziale Wirklichkeit geben können. Wird die Verdrängungshypothese als modernisierungskritisches Moment unhinterfragt aufgenommen, so ergibt sich m. E. die Konsequenz, dass es zu-

---

[56] Kritik an der Verwendung des Begriffes *Tabu* und zu dessen ursprünglicher Herkunft findet sich in Schmied (1985: 36f).

[57] *Memento mori* ist lateinisch und bedeutet soviel wie: *Gedenke des Todes* bzw. *Gedenke, dass du sterblich bist.*

[58] Vgl. hierzu die Zusammenstellung sozialpsychologischer Ergebnisse von Ochsmann (1998).

nächst allein genügt auf die wie auch immer geartete Verdrängung einzugehen sowie der Forderung nachzugehen Sterben und Tod stärker ins Bewusstsein zu rufen. Inhaltlich weit reichendere und kritische Auseinandersetzungen werden unter diesem Gesichtspunkt sehr schnell vernachlässigt.

3. BEGLEITETES STERBEN – ZUR STERBEBEGLEITUNG IN DER MODERNEN GESELLSCHAFT

Im Fokus des vorangegangenen Teils dieser Arbeit standen soziologische Betrachtungen sowie Deutungen von Sterben und Tod in der modernen Gesellschaft. Im Kontext dieser dargelegten thanatosoziologischen Konzeptionen fand der Bereich der Sterbebegleitung kaum explizite Beachtung. In den folgenden Kapiteln soll nun der Blick auf den Begleitungsaspekt des Sterbeprozesses durch ambulante Hospizdienste verlagert werden. Die hospizliche Praxis wird deshalb ins Zentrum gerückt, weil die Betreuung und Begleitung sterbender Personen sowie die der Angehörigen in diesem Bereich zu den wesentlichen Aufgaben zählen. Die Arbeit ambulanter Hospize repräsentiert einen Aspekt des gesellschaftlichen Umgangs mit Sterben und Tod. Forschungen zum Hospizbereich sind ähnlich wie der thanatosoziologische Bereich insgesamt noch verhältnismäßig gering aus- und aufgebaut. Einige aktuelle Projekte befinden sich derzeit im Abschluss.[59]

Was aber sind die konkreten Inhalte von Hospizarbeit? Hervorgegangen aus der so genannten Hospizbewegung, haben sich vielerorts in Deutschland engagierte Personen mit ihren jeweils spezifischen Erfahrungen, Interessen und Motivationen zusammengefunden, um z. B. ambulante Hospizdienste zu gründen. Unter Hospizbewegung sind sowohl die Bewegung und Diskussion von Inhalten zu verstehen, als auch unmittelbare, konkrete Handlungsprinzipien bzw. Handlungsänderungen in der Interaktion mit Sterbenden (Roß 2002: 150ff).

Ist Sterbebegleitung ein Begriff, der ausschließlich in Verbindung mit hospizlicher Arbeit thematisiert wird? An welche strukturellen Bedingungen ist Sterbebegleitung gebunden? Welche Grenzen oder Probleme ergeben sich mit der Begriffsnutzung *Sterbe*begleitung? Bevor die Definition von Hospiz erläutert wird und der Deskription und Analyse konkreter Arbeitspraxis ambulanter Hospize stärkeres Gewicht verliehen wird, ist es augenscheinlich notwendig, den Begriff der *Begleitung* weiter einzu- und vor allem gegenüber einem missbräuchlichen Verständnis abzugrenzen. Zunächst soll, wie bereits erwähnt, auf den Bedeutungsgehalt des Terminus *Sterbebegleitung* eingegangen werden. In welchen Kontexten wird also von Sterbebegleitung gesprochen? Ein Einblick in gegenwärtige diskutierte Be-

---

[59] Weiterführende Informationen zu den aktuellen Forschungsprojekten lassen sich unter BAG Hospiz (2003a) ausfindig machen bzw. sind entsprechende Ergebnisse in der Schriftenreihe der BAG Hospiz e. V. (2004) zu finden.

griffsinhalte oder Formen von Sterbebegleitung gibt nicht zuletzt auch An-
stoß zu einer differenzierten Wortwahl in alltäglichen Diskussionen.

Nassehi sieht einen Grund, der das Nachdenken über die Organisation
von Betreuung und Begleitung sterbender Subjekte erforderlich macht, im
Sterbeprozess, der „ [...] nicht mehr zur selbstverständlichen Lebensform
familialer und etwa nachbarschaftlicher Lebenszusammenhänge gehört
[sic]" (Nassehi 1992: 20). Inwiefern diese Aussage in jedem Falle gegenwärtig zutreffend ist, bleibt an dieser Stelle ungeklärt, denn es ist erst einmal erforderlich zu klären, was Sterbebegleitung inhaltlich umfasst. Für
weiterführende Diskussionen über die Begleitung sterbender Menschen ist
es nämlich nötig, die mitunter divergierenden inhaltlichen Deutungen der
thanatologen Termini zu klären (vgl. Schmitz-Scherzer 1992b: 10).

Bereits theoretisch diskutierte thanatosoziologische Positionen werden
wiederholt an entsprechender Stelle aufgegriffen und um Begleitungsas-
pekte der ambulanten Hospizpraxis erweitert.

3.1 Zur Begriffseingrenzung von Sterbebegleitung

Der Sozialethiker Franco Rest unterscheidet zwischen *Sterbehilfe* als „Hilfe
zum Sterben", *Sterbenshilfe* als „Hilfe *im* Sterben" und *Sterbebegleitung*,
Sterbebeistand, *Sterbegeleit* als „Hilfe *beim* Sterben bzw. für den Sterbenden". Er ordnet die Begrifflichkeiten entsprechend der in Tabelle 5 dargestellten kontextuellen Zusammenhänge und primären Sachgebiete.

Tab. 5 Ordnungsfeld Sterbehilfe – Sterbenshilfe – Sterbebegleitung

	Sterbehilfe Hilfe *zum* Sterben	Sterbenshilfe Hilfe *im* Sterben	Sterbebegleitung Sterbebeistand Sterbegeleit Hilfe *beim* Sterben
Bezeichnung			
Bezugs- rahmen	unmittelbarer Bezug zum Sterben	Bezugnahme auf den Prozess, den Zeitraum des Ster- bens	der Mensch, der Ster- bende steht im Mittel- punkt
Sachgebiet	primär juris- tisch-ethische Aus- einandersetzung	primär medizinische Auseinandersetzung	primär pflegerische, soziale, pädagogische, seelsorgerische, psy- chologische, psycho- therapeutische Aus- einandersetzung

Quelle: vgl. Rest 1994: 16

Anhand der dargestellten begrifflichen Besetzung ist eindeutig zwischen Sterbe*hilfe* und Sterbe*begleitung* zu unterscheiden. Der Terminus *Sterbenshilfe* findet als solcher m. E. wenig Eingang in den sprachlichen Gebrauch. Debatten zu Palliativmedizin und palliativer Versorgung scheinen, orientiert am angegebenen Bezugsrahmen und Sachgebiet, dem Bedeutungsgehalt von *Sterbenshilfe* am stärksten zu entsprechen.

Die Bezeichnung Sterbe*begleitung* verweist auf den Prozess des Sterbens (Schmitz-Scherzer 1992b: 555). Entgegen dem Begriff Sterbe*beistand*, der eher einer statischen Konnotation unterliegt bzw. dieses assoziieren lässt, wird mittels *Begleitung* auf den prozesshaften Charakter verwiesen. Trotz der Zustimmung, dass Sterben und somit auch die Hilfe beim Sterben ein dynamischer, von vielfältigen Faktoren beeinflusster Lebensprozess ist, finden sich auch differenzierte Stimmen hinsichtlich des Begleitungsterminus.

Ist Sterbebegleitung überhaupt zutreffend für einen Prozess, der sich unter ungleichen Vorzeichen für die verschiedenen involvierten Subjekte vollzieht? So kritisiert Hans Bartosch die selbstverständliche begriffliche Verwendung, wo doch die Vorstellungen der beglei*teten* und der beglei*tenden* Person letztlich verschieden sind. Denn was heißt es, einen Menschen im Sterbeprozess zu *begleiten*, dessen sicheres Ende voraussehbar ist? Der Tod des anderen markiert im eigenen Lebenslauf eine Etappe, jedoch nicht das eigene Ende. Allerdings hält Bartosch fest, dass *Begleitung* die derzeit gebräuchlichste Bezeichnung ist für die Begegnung mit Sterbenden und deren dauerhafte Betreuung (Bartosch 2002: 133).

Rest wiederum stellt aus semantischen Überlegungen den Begriff Sterbe*geleit* in den Vordergrund. Er führt an, dass mit dem Begleitungsbegriff das zentrale Augenmerk auf die Begleitperson und das aktive Handeln gelenkt wird. Unter *begleiten lassen*, sich *leiten lassen*, kann auch eine Form des Anführens verstanden werden (Rest 1994: 17f). Die Interpretation, dass die Begleitperson auch führendes Subjekt ist, ist missverständlich und entspricht nicht der normativ zentralen Stellung des Sterbenden und dessen Bedürfnissen.

Trotz dieser Einwände steht diese Arbeit bewusst unter dem Titel der Begleitung. Sterbebegleitung ist Element des gegenwärtigen Sprachgebrauches. Die Begriffsinhalte werden im Kontext von demographischer Alterung, hospizlichen und palliativen Pflegens sowie der Umstrukturierung des Gesundheitssektors vielfältig diskutiert.

Die sprachlichen Differenzierungen orientieren sich nicht allein an semantischen Besonderheiten, sondern finden ihren Niederschlag auch in der Praxis. Rest weist daraufhin, dass Hilfe, Beistand und Begleitung in ihrer

Gesamtheit bezogen auf den Sterbeprozess als „Gemeinschaftsaufgaben"
zu sehen sind (Rest 1994: 18). Doch bedeutet Gemeinschaftsaufgabe nicht,
dass jedes Subjekt oder jede gesellschaftliche Einheit grundsätzlich alles
übernehmen und gleichermaßen leisten kann. Gleichwohl darf unter dieser
Eingrenzung nicht der Ruf nach einer immer spezieller werdenden Ausdifferenzierung verstanden werden. Die allgemeine Befähigung zur
Betreuung Sterbender ist nicht nur durch hochspezifiziertes Wissen gegeben. Die Voraussetzungen, um Hilfe *im* Sterben leisten zu können, basieren
zwar stark auf (medizinischen) Fachkenntnissen, um Sterbenden beizustehen, ist derlei Wissen zunächst keine notwendige Bedingung oder wie es
Rest schreibt: „In dem Maße wie wir uns vorbereiten, beraten lassen,
Kenntnisse aneignen, besinnen, üben, werden wir also zu Helfern, Beistän-
den oder/und Begleitern [sic]" (Rest 1994: 18).

3.1.1 Hilfe zum Sterben – Zur Problematik der (aktiven) Sterbehilfe

Auseinandersetzungen um Sterbebegleitung stoßen auf den Komplex, der
sich mit Entscheidungen am Lebensende und der Hilfe *zum* Sterben beschäftigt. Dass Sterbebegleitung allgemein nicht unter dem Bereich der
Sterbehilfe subsummiert werden kann und sollte, ist bereits im vorherge-
henden Abschnitt, insbesondere in Tabelle 5 (Kap. 3.1) ausgeführt worden.[60] Wie Sterbehilfe gegenüber der Begleitung Sterbender stärker abzugrenzen ist, soll im Folgenden thematisiert werden. Welche Handlungen
der Hilfe zum Sterben lassen sich analytisch trennen? In Tabelle 6 sind
Differenzierungen zum Sterbehilfebegriff systematisch aufgegliedert.

---

[60] Es gibt dennoch analytische Differenzierungen, die Sterbebegleitung im Sinne einer
Schmerztherapie zur Form der passiven und rechtmäßig erlaubten Sterbehilfe zählen (vgl.
Putz/Steldinger 2003: 139ff).

Tab. 6 Begriffsklärung Sterbehilfe und rechtliche Grundlagen

	Aktive Sterbehilfe (direkte aktive)		Indirekte Sterbehilfe (indirekte aktive)		Passive Sterbehilfe
Verständnis	direkte Herbeiführung des Lebensendes durch z. B. Injektion, Tötung des Kranken	(ärztliche) Beihilfe zum Suizid/ Nichthinderung am Suizid	Verabreichung von (schmerzlindernden) Medikamenten, mit der Folge der Beschleunigung des Todes		Abbruch oder Unterlassung lebenserhaltender Maßnahmen
Wille bzw. Zustimmung sterbender Person	mit und ohne Zustimmung strafbar		mit - erlaubt	ohne - unzulässig	mit - erlaut / ohne - unzulässig
Juristische Sachlage und Problematik	Fremdtötungsverbot durch das deutsche Strafrecht, strafbar nach u. a. §212 StGB (Totschlag) §211 StGB (Mord) §216 StGB (Tötung auf Verlangen)	an sich nicht strafbar, da kein Selbsttötungsverbot im deutschen Strafrecht, doch mögliche Belangung aufgrund §323c StGB (Unterlassene Hilfeleistung)	Gefahr des Missbrauchs und juristische Grauzone		Gefahr des Missbrauchs

Quelle: vgl. GBE 2001: 3ff/ Kuhlmann 1995/ Rest 1995: 11ff/ DHS: 10

Nach theoretischem Verständnis wird Sterbehilfe in Deutschland unterteilt in *aktive, indirekte* und *passive* Sterbehilfe. In der Praxis sind die Auslegungen *aktiv* und *passiv* problematisch und weniger deutlich voneinander abzugrenzen als die obige Tabelle 6 suggeriert. In der Gesundheitsberichterstattung des Bundes wird bemängelt, dass mit derartigen analytischen Unterscheidungen der Annahme Vorschub geleistet wird, dass *aktives* Handeln aus ethischer Sicht jederzeit verwerflich sei, *passive* Unterlassungen aber zum Rahmen des Erlaubten gehören (GBE 2001: 3f). Zudem sind die handlungspraktischen Grenzen zwischen dem, was aus ärztlicher Perspektive zur *aktiven* und dem was zur *passiven* Sterbehilfe zählt, ungenau. So ist nicht für jede Ärztin oder jeden Arzt der Abbruch lebenserhaltender Maßnahmen, mit beispielsweise dem *aktiven Akt* der Abschaltung eines Sauerstoffgerätes gleichzeitig als *passive Sterbehilfe* zu werten. Des Weiteren orientiert sich die Zuordnung der *Beihilfe zum Suizid* zur aktiven Sterbehilfe an der allgemein ablehnenden Haltung der deutschen Ärzteschaft, als dass sie eine eindeutig zutreffende und allgemein gültige Klassifizierung darstellt (GBE 2001: 5).[61]

Dem tatsächlichen und mutmaßlichen Willen[62] des Patienten kommt im Falle der *indirekten* Sterbehilfe und *passiven* Sterbehilfe eine zentrale Rolle zu. Denn nur wenn dieser vorliegt bzw. zu ermitteln ist, besteht die Garantie auf Straffreiheit. Andernfalls wäre es m. E. fragwürdig, inwieweit z. B. das Unterlassen lebenserhaltender Maßnahmen rechtlich als passive Form der Sterbehilfe zu werten ist.

Neben den Kontroversen um die definitorischen Ableitungen wird schnell deutlich, dass es sich um einen Gesamtkomplex handelt, der grundlegende ethische Fragen anspricht, vor allem jedoch starke rechtliche Ungewissheiten in der medizinischen und pflegerischen Versorgung schwerstkranker, sterbender Menschen aufwirft.

Der Autor Werner Schell hat in seiner Publikation zu „Sterbebegleitung und Sterbehilfe" eine Fülle an Rechtsgrundlagen, Gesetzen, wichtigen Rechtssprechungen sowie Richtlinien und Stellungnahmen zum Umgang mit der Hilfe zum Sterben zusammengestellt. Er schafft damit einen Überblick über die derzeitige Rechtssprechung in Deutschland. Diese geht weit über die allgemeine juristische Ausgangssituation, die in Tabelle 5 dargestellt wird, hinaus. Grundsätzliche Positionen wesentlicher Institutionen, die sich an der schwierigen Debatte über die Gefahren und Möglichkeiten einer Legalisierung von Sterbehilfe öffentlich beteiligen, sind in die Veröffentlichung ebenso aufgenommen wie die Urteilsentscheidungen in richtungsweisenden Einzelfällen (Schell 1998).

Der Medizinethiker Loewy diskutiert in seinen Überlegungen zum Lebensende drei grundsätzliche Fragen hinsichtlich der Hilfe *zum* Sterben, die in gegenseitiger Abhängigkeit stehen, jedoch analytisch getrennt betrachtet werden sollten. Die folgende Tabelle soll die jeweiligen Kontexte ihrer Ebene zugeordnet darstellen.

---

[61] Der Medizinethiker Loewy beispielsweise, möchte die *Beihilfe zum Suizid* als eine Art der passiven Sterbehilfe verstanden wissen (Loewy 2002: 20).
[62] Unter *tatsächlichem* Wille ist der direkt geäußerte Wille des Patienten zu verstehen. Die Behelfsformel des *mutmaßlichen* Willens stammt aus dem Strafrecht und meint den zu einem früheren Zeitpunkt geäußerten Willen, der in der Zukunft, im Falle der persönlichen Verhinderung die Entscheidung kenntlich zu machen, als Maßstab darstellen soll (Klie/Student 2001: 31).

Tab. 7 Fragen zur Sterbehilfe

Ebene	Fragen	Kontext und Problematik der Antwortoptionen
ethische Frage	„Ist es je ethisch zulaßbar, einen Anderen zu töten (oder, falls es leicht wäre, ihm nicht das Leben zu retten)?"	Die moderne Gesellschaft fördert Leben nicht immer, überall bedingungslos, sodass die Frage nicht mit einem kategorischen Nein beantwortet werden kann und so Diskussionen über aktive Sterbehilfe relevant werden.
professionelle Frage	„Steckt irgendetwas in dem Begriff, Arzt, Krankenschwester, u.s.w., dass es für Mitglieder solcher Berufe unmöglich machen sollte, zum Sterben eines Patienten beizutragen?"	Die Antwort auf diese Frage hängt vom individuellen beruflichen Selbstverständnis und der Moralauffassung des Professionellen ab.
sozio-politische Frage	„Ist es vernünftiger, so etwas [aktive Sterbehilfe, Anm. TM] offiziell zuzulassen (und somit nach strikten Kriterien kontrollieren zu können), oder ist es besser, es zu verbieten (obwohl man genau weiß, daß es geschehen wird und damit der ärztlichen Willkür überlassen sein würde) [sic]?"	Das Für und Wider einer eindeutigen Festlegung müsste gesamtgesellschaftlich erörtert werden. Sowohl die eine als auch die andere Antwortoption würde neben Vorteilen, immer deutliche Nachteile mit sich ziehen.

Quelle: vgl. Loewy 2000: 24f

Anhand der Tabelle 7 dürfte deutlich werden, dass sich in öffentlichen Diskursen nicht nur verschiedene Frageebenen miteinander vermischen, sondern auch die Antwortoptionen je nach Perspektive und betreffender Akteursgruppe verschieden ausfallen können. Um vor diesem Hintergrund einen gesellschaftlichen Konsens zu erreichen, wäre es zunächst notwendig, die Frageebenen differenziert voneinander zu betrachten und zur Diskussion zu stellen.

In Deutschland, wie in den meisten Staaten weltweit, gibt es im Gegensatz zu den Niederlanden keine Legalisierung der aktiven Sterbehilfe.[63] In der Schweiz existiert die *Vereinigung für humanes Sterben,* bekannt unter dem Namen „EXIT, die sterbenskranken Personen u. a. in ihrem Wunsch zum Suizid unterstützt (Kuhlmann 1995: 63ff).

In den Auseinandersetzungen zu den Überlegungen zur aktiven Sterbehilfe lassen sich zwei gegensätzliche Strömungen erkennen:

---

[63] Zu den besonderen gesetzlichen Regelungen der Niederlande bezüglich der aktiven Sterbehilfe und den Bedingungen, unter denen keine Strafverfolgung einsetzt, siehe Kuhlmann (1995: 67).

In Deutschland zählt die seit 1980 bestehende *Deutsche Gesellschaft für Humanes Sterben* (DGHS) zu den Befürwortern des Rechtes auf Selbstbestimmung bis hin zum Todeszeitpunkt. Forderungen beziehen sich primär darauf, verbindliche gesetzliche Regelungen zu schaffen, damit Menschen zwar nicht auf Wunsch sterben, zumindest aber so sterben können, wie sie es sich wünschen (DGHS 2003: 9). Der Publizist Andreas Kuhlmann erläutert, dass die DGHS zwar die unmittelbare Forderung nach Legalisierung aktiver Sterbehilfe aus ihren Statuten gestrichen hat, de facto dies aber nach wie vor ein wesentliches Ziel der Vereinigung darstellt. Als humanes Sterben wird nicht zuletzt der Akt der Selbsttötung angesehen. Für die Mitglieder der Organisation bedeutet diese Haltung vor allem, dass sie konkrete Hilfe und Informationen zur Selbsttötung erhalten können (Kuhlmann 1995: 73ff).

Auf der anderen Seite steht z. B. in Form hospizbewegter Inhalte die strikte Ablehnung aktiver Sterbehilfe und die Installierung gesetzlicher Vorgaben zu deren einseitig juristischer Regelung. In dem Bemühen auf die Lebenssituation Sterbender sowie die subjektiven Bedürfnisse, Schwächen, Probleme einzugehen, sollen humane Bedingungen des Sterbens gestaltet werden.

3.1.2 Willenserklärung und individuelle Entscheidungsmacht am Lebensende

Die subjektive Autonomie im krankheitsbedingten Sterbeprozess befindet sich in besonderem Maße im Spannungsfeld zwischen den heutigen medizinischen Möglichkeiten der Erhaltung lebensnotwendiger Körperfunktionen[64], den ärztlichen Entscheidungen und der subjektiven Willensbildung und -äußerung des Patienten. Mit ärztlichen Entscheidungen darüber, was getan werden sollte, wird letztlich über das Leben und Sterben des Patienten entschieden. In der modernen Gesellschaft ist Gestaltung und Kontrolle über das individuelle Sterben so weit fortgeschritten, dass dem Einzelnen nicht mehr primär vermittelt wird, dass für ihn gesorgt wird, sondern, dass er selbst vorzusorgen hat (Klie/Student 2001: 33). Unter Vorsorge wird insbesondere die rechtliche Absicherung verstanden, die gewähren soll, dass der Wille der Person bei Behandlungen berücksichtigt wird. Derartige Vorausverfügungen werden für den Fall einer schweren Erkrankung oder

---

[64] Damit ist zum Beispiel die Ernährung durch eine PEG gemeint (perkutane, endoskopisch kontrollierte Gastrostomie). Im allgemeinen Sprachgebrauch als Magensonde zur künstlichen Ernährung bekannt.

eines Unfalls und der daraus resultierenden Unfähigkeit der Willensbildung bzw. -äußerung relevant.

Doch nicht nur in Zuständen, in denen keine bewusste Willensäußerung möglich ist, sondern auch bei zunehmender Schwächung des Sterbenden und Verweigerung von Nahrungsaufnahme und Flüssigkeitszufuhr ist der Wille der Person zu beachten, auch wenn es für Dritte unzumutbar erscheint (vgl. Klie/Student 2001: 46ff).

In Tabelle 8 wird zwischen den drei wesentlichen Arten der Vorsorgefestlegungen[65] unterschieden. Die inhaltlichen Schwerpunkte werden zusammenfassend dargelegt.

Tab. 8 Übersicht Patientenverfügung – Vorsorgevollmacht – Betreuungsverfügung

	Patientenverfügung[66]	**Vorsorgevollmacht**	**Betreuungsverfügung**
Inhalt	Willenserklärung des Patienten zu medizinischen Behandlungswünschen für den Fall einer Bewusstlosigkeit (bzw. Einwilligungsunfähigkeit)	Nach dem bürgerlichen Gesetzbuch werden eine oder mehrere Personen des Vertrauens bevollmächtigt, anstelle der einwilligungsunfähigen Person, in den in der Vollmacht verfügten Bereichen Entscheidungen zu treffen. Die Entscheidungen der bevollmächtigten Person haben sich an den Werten, Wünschen und Verfügungen des Ausstellers zu orientieren.	Nach dem Betreuungsgesetz können in Form einer Betreuungsverfügung vom Betroffenen für den Betreuungsfall im Voraus Personen als Betreuer benannt werden. Die betreuende Person wird vom Vormundschaftsgericht bestellt.

Quelle: vgl. GBE 2001: 7

Die *Patientenverfügung*[67] wird in schriftlicher Form aufgesetzt und unterzeichnet. Ziel ist, dass der darin geäußerte Wille auch in zukünftigen Situationen, in denen nicht mehr die Möglichkeit besteht, eine direkte Willenserklärung abzugeben, respektiert wird. Je klarer und eindeutiger ein derartig niedergelegter Wille formuliert ist, desto höher ist auch die Verbindlichkeit für die handelnden Akteure. Dies schließt allerdings die Not-

---

[65] Zu weiteren Formen der Vorsorgeverfügung zählt auch die Organspendeverfügung. Durch diese kann im Voraus eine eindeutige Entscheidung getroffen werden, ob überhaupt bzw. welche Organe zur Transplantation freigegeben werden sollten (Klie/Student 2001: 43).

[66] In Deutschland wird fälschlicherweise oft von einem Patiententestament gesprochen, wobei ein Testament nach allgemeiner Auffassung erst nach dem Tode der jeweiligen Person zum Tragen kommt.

[67] Mit der Bezeichnung *Patienten*verfügung wird deutlich, welchen Status die Person hat, sollte die Verfügung relevant werden.

wendigkeit einer vorherigen, gründlichen Auseinandersetzung mit Fragen des eigenen Sterbens und Wertvorstellungen seitens des verfügenden Individuums ein. Student führt dazu kritisch ins Feld, dass das Verfassen einer Patientenverfügung vielfach zu einem Zeitpunkt geschieht, wo nicht abschätzbar ist, wie es ist, wenn man sich tatsächlich in einer krankheitsbedingten Situation befindet. So ist es problematisch, wenn eine solche Verfügung allein aus Formblättern besteht, bei der lediglich die Wahl besteht einzelne Aspekte anzukreuzen bzw. nicht anzukreuzen (Student 1998: 206). Eine intensive Beschäftigung und breite Aufklärung erscheint unerlässlich, existieren neben der erstgenannten Verfügungsform noch weitere Vorsorgemöglichkeiten, deren Kombination untereinander angeregt wird (Klie/Student 2001: 44).

Mittels einer *Vorsorgevollmacht* kann nicht nur der in der Zukunft geltende Wille schriftlich niedergelegt werden, sondern eine Person oder ein Personenkreis wird bevollmächtigt, um *im Sinne* des und *für* den Patienten Entscheidungen zu treffen. Dabei sind Entscheidungen über medizinische Behandlungen mit eingeschlossen.

Die Form der *Betreuungsverfügung* bezieht sich auf die (gesetzliche) Einsetzung einer Betreuungsperson, die im Falle einer teilweise oder ganzen Unfähigkeit zur Besorgung der eigenen Angelegenheiten relevant wird. Mittels einer derartigen Verfügung kann man festlegen, wer im entsprechenden Falle als Betreuungsperson bestellt werden soll (Putz/Steldinger 2003: 94).

Eine Kombination der verschiedenen Vorsorgeregelungen wird deshalb angeregt, weil die beiden letzteren Varianten stärker darauf abzielen, von *wem* man in entsprechenden Situationen vertreten werden möchte, die Patientenverfügung aber stärker darauf setzt, *wie* die bevollmächtigte oder betreuende Person entscheiden soll.

Die zentrale Bedeutung einer interpersonellen Kommunikation wird insbesondere von hospizlicher Seite bei den Diskussionen um die Vorausverfügungen herausgehoben. Nicht allein die subjektive Auseinandersetzung und schriftliche Fixierung von Entscheidungen am Lebensende ist ausschlaggebend, sondern auch die Kenntnis von dem direkten sozialen Umfeld und die Diskussion mit ihm. Juristische Normierungen können dabei nie diesen kommunikativen Bewältigungsprozess ersetzen (Graf/Zypries 2003: 8).

3.1.3 Hilfe im Sterben – Palliativmedizin und Palliative Care

Einen wesentlichen Faktor in der Versorgung unheilbar erkrankter Menschen bildet die Hilfe *im* Sterben. Darunter sind m. E. vor allem die Behandlungsformen der palliativen Medizin zu verstehen. Der Palliativbegriff[68] ist abgeleitet von dem lateinischen Wort *pallium* und bedeutet soviel wie „der Mantel" (Binsack 2001: 17). Ein schützender, wärmender Mantel ist hier die Metapher, welche die weitgehende Beschwerde- und Schmerzfreiheit des Patienten symbolisieren soll. Die Palliativmedizin ist im Gegensatz zur kurativ ausgerichteten naturwissenschaftlichen Medizin, wo die Heilung von Krankheiten primäres Ziel ist, eine Form der Behandlung, bei der (somatische) Symptomlinderung, u. a. Schmerzen, Übelkeit, Luftnot, aber auch Angst, im Vordergrund steht (GBE 2001: 8). Bei einer Person mit fortschreitender, unheilbarer Erkrankung und begrenzter Lebenserwartung kann bzw. sollte eine Heilung nicht mehr als erklärtes Ziel gelten. Dabei ist Palliativmedizin von palliativer Therapie zu trennen. Michael Cremer sieht den Zweck palliativer Therapie in der Tumorverkleinerung, die mit Operationen, Bestrahlungen, Chemotherapien und anderen Behandlungsmethoden einhergeht (Cremer 1999: 29).

Der Anspruch palliativer Medizin, wie Cremer ihn darlegt, ist sehr hoch und umfangreich. Im Mittelpunkt stehen die Behandlung und Begleitung des Patienten. Dies meint neben der angeführten Symptomkontrolle auch die Integration psychologischer und sozialer Dienste in einem ganzheitlichen Konzept (Cremer 1999: 29). Dieses Anspruchsverständnis von Palliativmedizin korrespondiert nicht nur mit der unter Tabelle 5 (Kap. 3.1) dargestellten Hilfe *im* Sterben sondern auch mit dem Verständnis der Hilfe *beim* Sterben. Umfasst also Palliativmedizin Begleitung Sterbender in jeglicher Hinsicht? Welchem Platz nimmt die Bezeichnung *Palliative Care* ein?

Grundsätzlich soll Sterbebegleitung im Rahmen dieser Arbeit als ein umfassendes Begriffskonzept verstanden werden. Palliativ-medizinische Behandlungen sind in diesem Verständnis mit eingeschlossen. Sie bilden mit der Linderung körperlicher Symptome einen Bestandteil von Sterbebegleitung, ersetzen jedoch nicht die Gesamtheit bzw. Vielschichtigkeit der Begleitung Sterbender und deren Angehörigen.

Palliativmedizin entwickelte sich als medizinische Richtung im Zuge der Hospizbewegung. Die Wurzeln der Hospizbewegung stehen eher im

---

[68] Zur Problematik des Palliativ-Begriffes in Verbindung mit anderen Disziplinen und der damit antizipierten grundsätzlichen Differenz von Medizin und *Palliativ*medizin bzw. der *Palliativ* Care und den eigentlichen Prinzipien von *Care* finden sich kritische Diskussionsbeiträge in Gronemeyer/Loewy (2002: 209f).

Widerstand zu einer hoch technisierten auf Heilung sowie Krankheit fokussierten Medizin, sodass sie sich unabhängig vom regulären Krankenversorgungssystem entwickelt hat (Heilmann 2002). Palliativmedizin umschließt m. E. stärker ein medizinisches, organisatorisches Konzept, sodass Palliativstationen an ein Krankenhaus angegliedert sind. Ihnen steht eine ärztliche Leitung vor und die Finanzierung ist im Rahmen der Krankenversicherungen gesichert (Bausewein/Hartenstein 2001: 202).

Palliative Care ist eine Bezeichnung, die im angelsächsischen Raum geprägt wurde (Metz 2002: 102). Es ist nicht eindeutig zu klären, wodurch der Begriff in Deutschland besetzt ist. Zwei Aspekte sollen jedoch hervorgehoben werden. Zum einen wird das pflegerische Element hervorgehoben, wobei Ute Schöninger kritisch bemerkt:

„Da sie [die pflegerische Profession; Anm. TM] im Gegensatz zu den Ärzten – mit einem eigenständigen Fach Palliativmedizin – keine Ausnahmesituation Palliativpflege kennt, muss sie nicht eine beschwerdelindernde Pflege von einer ursachenbekämpfenden unterscheiden [sic]" (Schöninger 2002: 214).

Zum anderen soll *Palliative Care* ein umfassendes Versorgungskonzept und Organisationsprinzip darstellen, mit dem Anspruch einer „[...] radikal patientenorientierte[n] Versorgungsform" (Metz 2002: 98). Hier geht es weit stärker um die Zusammenführung und Integration verschiedener Disziplinen, die in der Betreuung schwerstkranker Menschen eine gewichtige Rolle spielen.

Wer sich heute und bereits in den letzten Jahren sowohl konkret als auch wissenschaftlich mit Sterbebegleitung beschäftigt hat, wird auf die zunehmende Bedeutung der Bezeichnung *palliativ* aufmerksam. Ob *Palliativ*medizin, *Palliative Care*, *palliative* Versorgung und Betreuung – der Theologe und Psychotherapeut Christian Metz macht darauf aufmerksam, dass sich eine wenig hinterfragte semantische Verschiebung durch den Übergang vom Begriff *Hospiz* zum Begriff *Palliativ* vollzogen hat (Metz 2002: 91). Seiner Vermutung nach erscheint der *Palliativ*-Begriff in weiten Bereichen „salonfähiger und seriöser", die inhaltlichen Differenzen werden jedoch unzureichend diskutiert (Metz 2002: 91).

3.1.4 Hilfe beim Sterben als komplexer Prozess

Das Begleitungsprinzip ist am sterbenden Subjekt orientiert. Die jeweilige Bedürfnislage spielt eine zentrale Rolle. Demnach sind Diskussionen über Sterbebegleitung Diskussionen darüber, was sterbende Personen und deren Angehörige in diesem Lebensabschnitt wünschen bzw. brauchen sowie an

Unterstützung benötigen und wie dafür eine entsprechende Versorgung gewährleistet werden kann.

Analog der Differenzierung verschiedener Dimensionen im Sterbeprozess erscheint es erforderlich, auch auf die unterschiedlichen Ebenen in der Begleitung im Sterben hinzuweisen. In Abbildung 6 sind die einzelnen Dimensionen, die im Sterbebegleitungsprozess von Relevanz sind, schematisch dargestellt.

Abb. 6 Dimensionen von Sterbebegleitung

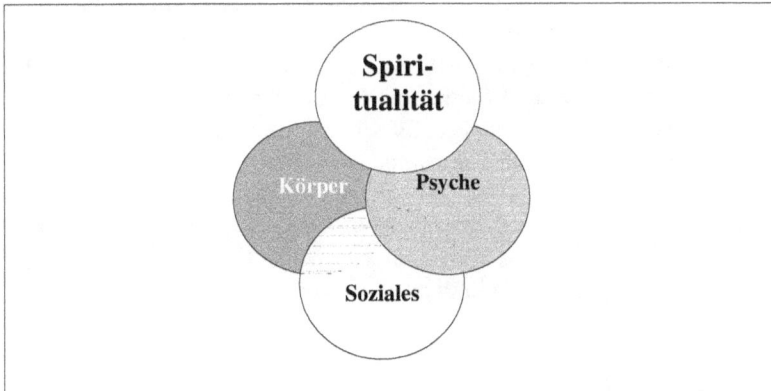

Quelle: vgl. Rest 1995: 237ff/ Dahms 1999: 14

Durch die Ergebnisse einer Studie zu Konzepten und Praxis von 4 Hospizen in Nordrhein-Westfalen stellt Rest die angegebenen Bedürfnisbereiche heraus. Sie stellen wesentliche Elemente des Sterbeprozesses dar. Die gleichförmige Aufteilung in der Übersicht sagt dabei nichts über die Bedürfnislage im individuellen Fall aus. Zumindest können jedoch Anforderungen für die Begleitung sterbender Personen abgeleitet werden. Diese beziehen sich auf:

- umfassende körperliche Pflege und Schmerzlinderung,
- seelische Veränderungen,
- das soziale System, in dem die sterbende Person verankert ist,
- spirituelle Fragen über Sinnhaftigkeit der Existenz bei äußerer und innerer Auflösung.

Eine interdisziplinäre Herangehensweise bzw. ein derartig organisiertes Team, d. h. der Einbezug verschiedener Professionen, sind in dieser Situation gefragt (Dahms 1999: 25f). Doch wäre es fatal, Begleitung Sterbender ausschließlich als professionelle Aufgabe zu verstehen. Die Versorgung und Pflege durch Mitglieder der Familie, weitere Angehörige oder Freunde

73

und vor allem der Einsatz ehrenamtlicher HospizlerInnen sind von großer Bedeutung.

Durch eine Begleitung im Sterbeprozess sowohl für die sterbende Person selber, als auch für die Angehörigen, können wichtige *Freiräume* geschaffen werden. Uljana Dahms sieht darin „[...] die Möglichkeit der angemessenen Gestaltung der letzten Lebensphase" (Dahms 1999: 25). *Freiraum* kann z. B. das *Freisein* von Schmerzen ob somatischer, psychischer, sozialer und spiritueller Natur bedeuten.

Im Vergleich zu den drei Dimensionen des Sterbeprozesses in Abbildung 2 (Kapitel 2.2.3) fällt auf, dass hier ein weiteres wichtiges Element hinzugefügt wurde. Die spirituelle Komponente, bei der analytischen Betrachtung vom Leben und Sterben noch weitgehend ausgespart, wird sie hier zu einem vierten Komplex. Es scheint, dass in den soziologischen Quellen die spirituellen und transzendenten Facetten des Sterbens völlig vernachlässigt werden. Vermutlich wird die Relevanz dieses Aspektes erst verstärkt im konkreten und unmittelbaren Umgang mit Sterbenden augenscheinlich, dann, wenn für Menschen angesichts des nahen Todes Fragen von Glaube, Wahrheit und Wirklichkeit existenziell werden.[69]

3.1.5 Fazit

Auf abstrakter Ebene konnte geklärt werden, dass die Diskussionen um Sterbebegleitung Auseinandersetzungen sind, die auf die Gestaltung der Bedingungen menschlichen Sterbens abzielen. Begleitung Sterbender soll sich dabei am sterbenden Menschen und dessen Umfeld orientieren. Die Diskussion ist geprägt von Konzepten und Anleitungen zur Sterbebegleitung. Begleitung wird deshalb als Hilfe *beim* Sterben verstanden, wobei die medizinische Komponente der Hilfe *im* Sterben eine nicht zu unterschätzende Rolle spielt. Jedoch ist Sterbebegleitung nicht mit einer medizinischen Behandlung von Krankheit gleichzusetzen. Ebenfalls bleibt das in den Blick gerückte Begleitungsphänomen nicht auf ein psycho-therapeutisches Konzept beschränkt, wie etwa die Zuordnung von Feldmann zur Form des psychischen Sterbens in Bezug auf den Tod des jeweils anderen suggeriert (vgl. Feldmann 1997: 13).

Humane Sterbebedingungen bedeuten nach dem Selbstverständnis moderner Individuen ein hohes Maß an Selbstbestimmung hinsichtlich der Entscheidungen am Lebensende. Die Auseinandersetzungen um Patienten-

---

[69] Zu verschiedenen Aspekten der „Spiritualität der Sterbebegleitung" finden sich einzelne Aufsätze in Bickel und Tausch-Flammer (1997).

autonomie stehen im engen Zusammenhang mit der Normierung eines "guten" Todes. Dabei wird *human* durchaus unterschiedlich gedeutet. Damit wird einerseits die Forderung verbunden, die aktive Sterbehilfe zu legalisieren und Menschen so eine eigene Entscheidung über Euthanasie am Lebensende zuzugestehen. Andererseits steht *human* in Verbindung mit fürsorglicher Begleitung und schmerzmedizinischer Versorgung. Anstelle intensivmedizinischer und kurativer Behandlung steht die Milderung von Ängsten bezüglich eines langen oder schmerzvollen Sterbens im Vordergrund.

Vorsorgeverfügungen erhalten so für die Gestaltung eines würdevollen Sterbens zunehmende Bedeutung. Die Fähigkeit im Entscheidungsfall den eigenen Willen (schriftlich vorausverfügt oder durch die Bevollmächtigung Dritter) zu bekunden, ist wesentliches Merkmal der selbstbestimmten Gestaltung des eigenen Sterbeprozesses. Der Bedarf an Aufklärung zu Vorausverfügungen sowie die Notwendigkeit interpersoneller Kommunikation darf nicht ins Hintertreffen geraten. Viele Menschen haben Angst vor einem langen, schmerzvollen Leiden, welches durch akute medizinische Maßnahmen verlängert werden kann. Darauf gilt es im konkreten Einzelfall einzugehen. Allein mittels juristischer Regelungen können die höchst subjektiven Problemlagen sterbender Menschen und ihrer Angehörigen kaum aufgefangen werden.

Erörterungen zur Sterbehilfe stellen ethische und rechtliche Problemstellungen in den Vordergrund. Generell sollten die Deutungen von Hilfe *zum* und der Hilfe *beim* Sterben nicht miteinander vermischt werden, auch wenn man u. U. mit dem Problem der Sterbehilfe während der Begleitung konfrontiert werden kann.

Inwieweit letztlich Entscheidungen, die zwar rechtlich abgesichert sind auch in jedem Falle ethisch vertretbar sind, kann m. E. in einer Welt mit pluralisierten Wert- und Normvorstellungen nicht abschließend geklärt werden.

3.2 Hospiz – Hintergründe und Ehrenamtlichkeit

Sterbebegleitung liegt weder eine eng definierbare Begriffsauffassung oder eine strikte Handlungsanleitung zugrunde, noch ist damit eine von der empirischen Realität losgelöste, abstrakte Begrifflichkeit angesprochen. Bislang wurde das Augenmerk auf die inhaltliche Klärung der Grundprinzipien von Begleitung beim Sterben gelegt. Zum tieferen Verständnis wurde der Zusammenhang zu angrenzenden Diskussionssträngen hergestellt.

Im folgenden Kapitel soll deutlich werden, dass eine moderne Form der Begleitung sterbender Personen durch die Betreuung, insbesondere ambulanter Hospizdienste abgedeckt wird. Der Zuwachs und der Ausbau des Angebots dieser Hospize spielen im Kontext der Begleitung im Sterben eine zunehmend bedeutendere Rolle. In einem ersten Schritt werden zunächst die sprachgeschichtlichen Wurzeln des Hospizbegriffes erörtert. Des Weiteren soll der gegenwärtige Bedeutungsinhalt dieses Terminus geklärt werden. Ferner werden Kennzeichen und Schwerpunkte ambulanter Hospizarbeit vorgestellt und in einzelnen Punkten diskutiert.[70]

3.2.1 Vom Hospizbegriff zur bewegten Hospizidee und deren modernen Formen: Ambulante Hospizdienste

Was bedeutet Hospiz? Die etymologischen Ursprünge des Hospizbegriffes liegen im lateinischen Ausdruck *hospitium* begründet. *Hospitium* meint so viel wie „Gastfreundschaft, Bewirtung, Herberge" (Seitz/Seitz 2002: 10f). Oliver und Dieter Seitz halten in ihrer Untersuchung zur modernen Hospizbewegung in Deutschland fest, dass das deutschsprachige Wort *Hospiz* selber nicht älter als 200 Jahre ist. Die semantische Besetzung leitet sich zwar aus den Wurzeln *hospitium* ab. Bis zur Gegenwart ist sie aber einem zeitgeschichtlichem Wandel unterlegen. Heute ist der Hospizbegriff primär durch die Bedeutung als „Einrichtung zur Pflege u. Betreuung Sterbender [sic]" geprägt (Duden Bd. 1 2000: 481). Zu Zeiten des Mittelalters boten Hospize den Wandernden und Pilgernden eine gastfreundliche Herberge auf ihrer Reise und Betreuung im Krankheitsfall (Seitz/Seitz 2000: 22ff).[71] Der in früheren Zeiten stark damit verbundene Beherbergungsbetrieb tritt in den Hintergrund. Mit diesem historischen Hintergrund, Hospiz als gast-

---

[70] Nicht betrachtet wird die internationale Entwicklung der Hospizbewegung. Beiträge, die einen Blick über Deutschland hinaus hinauswerfen, finden sich in Gronemeyer/Loewy (2002).

[71] Einen detailreichen Einblick und Überblick zur Rolle und Funktion von Hospizen in verschiedenen historischen Etappen bieten z. B. Weiß (1999: 12ff) oder Seitz/Seitz (2002: 12ff).

freundliche Unterkunft, ist die moderne Hospizentwicklung allerdings symbolisch verbunden. Auch der Sterbende ist quasi Reisender, verweilt noch, soll sich vorbereiten können auf die letzten "Schritte" im gegenwärtigen Leben sowie Abschied nehmen können. Es wäre dennoch viel zu eng gefasst, den Hospizbegriff nur auf räumliche Einrichtungen, das Hospiz als Haus, zu beziehen. Mit dem Wort *Hospiz* verbindet sich eine international breite Bewegung, die sich speziell mit den Bedürfnissen sowie den Anforderungen in der Betreuung sterbender Menschen und deren Angehörigen auseinandersetzt.

Die Grundsteine der aktuellen Entwicklungsphase in Deutschland wurden hauptsächlich im 20. Jahrhundert in Großbritannien durch die Initiative der Krankenschwester, Sozialarbeiterin und späteren Ärztin *Cicley Saunders* gelegt. Ihrem Engagement ist die Entstehung des *„St. Christopher`s Hospice"* 1967 in London zu verdanken.[72]

Doch gab es Ende des 19. und auch in den frühen Jahren des 20. Jahrhunderts bereits das *„Our`s Lady`s Hospice"* in Dublin (1879), das *„St Luke`s"* als Heim für sterbende Arme (1883) und das *„St. Joseph`s Hospice"* (1905) ebenfalls in London (vgl. Seitz/Seitz 2002: 68). Ersteres sowie letzteres wurden durch die *Irish Sisters of Charity* eröffnet und betreut. Damals ging es darum, neben dem Krankenhaus, eine Möglichkeit zur Pflege von Kranken im kleineren und ruhigeren Rahmen zu schaffen. Die wesentliche Neuerung durch die Arbeiten von Saunders[73] bestanden jedoch in ihrer "Spezialisierung" auf Sterbebegleitung und dem damit verbundenem ganzheitlichen Ansatz, der als *rounded care* bezeichnet wird.[74] Bei der Begleitung und Betreuung Sterbender wird von *terminal care* gesprochen (Seitz/Seitz 2000: 71). Es geht dabei nicht mehr um die Heilung des Patienten von einer Krankheit, die letztlich nicht heilbar ist. Der Patient rückt als Mensch ins Zentrum der Betreuung. Seinen körperlichen Beschwerden, insbesondere Schmerzen und andere krankheitsbedingte Symptome gilt es zu lindern. Insgesamt spielen aber noch weit mehr Aspekte des Lebens und Sterbens in eine solches Betreuungskonzept respektive Begleitungskonzept hinein. So bedeutet hospizliche Arbeit in diesem Sinne eine umfassende, multidisziplinäre Betreuung der sterbenden Person und deren Umfeld.

Im Gegensatz zu Großbritannien hat sich deutschlandweit die Idee der Hospizarbeit erst in den letzten 15 bis 20 Jahren durchgesetzt. Der nur zö-

---

[72] Der heilige Christophorus, der als Namensgeber dient, ist in der christlichen Glaubensgeschichte der Schutzpatron aller Reisenden (Seitz/Seitz 2002: 73).

[73] Ansporn und Motivation für ihr Engagement gaben Saunders die Gespräche mit David Tasma, einem an Krebs erkrankten Patienten von ihr.

[74] Vgl. dazu auch die Ausführungen zur *Palliative Care* (Kapitel 3.1.3).

gerliche Anklang, ja sogar die Ablehnung hospizlicher Konzepte der Sterbebegleitung seitens großer institutionalisierter Einrichtungen und religiöser Verbände lag wesentlich in der Übertragung des Hospizbegriffes in die Bezeichnung *Sterbeklinik* begründet (Weiß 1999: 29ff). Der Autor Wolfgang Weiß beschreibt die Problematik, die mit dieser missverständlichen Begriffstransformation einherging. Groß waren die Befürchtungen seitens der Kirchen, der Wohlfahrtsverbände, und Krankenhausgesellschaften, „daß es zu einer Abschiebung und Ghettoisierung der Sterbenden kommen würde [sic]" (Weiß 1999: 31). Der Autor kritisiert dabei die ungenügende inhaltliche und tief greifende Auseinandersetzung mit den eigentlichen Grundsätzen hospizlicher Sterbebegleitung. Er konstatiert, dass erst Mitte der 1980er Jahre ein allmählicher Wandel in der Beurteilung und Bedeutung von Hospizen, dank der aufklärerischen Schreibtätigkeit einzelner Wissenschaftler stattgefunden hat. So haben sich z. B. der Sozialmediziner Johann-Christoph Student sowie einzelne Vereine, wie etwa OMEGA – mit dem Sterben leben e.V. (1985) und die Internationale Gesellschaft für Sterbebegleitung und Lebensbeistand (IGSL 1986), um die Durchsetzung der Hospizidee in den Anfängen verdient gemacht.

Die Ursprünge ambulanter Hospizarbeit fußen vielerorts auf dem hohen Engagement einzelner Personen oder Initiativen. Anfänglich bildeten die Organisation von Sitzwachgruppen und die Öffentlichkeitsarbeit[75] wesentliche Aufgaben. Im Laufe der Jahre haben sich jedoch unterschiedlich stark institutionalisierte Organisationsformen und -strukturen entwickelt. Gleichsam stiegen auch die Anforderungen an die Organisation und die Begleitung. Die Struktur der Hospizlandschaft ist regional sehr unterschiedlich ausgeprägt und deshalb deutschlandweit nur schwer vergleichbar. Die Abbildungen 7, 8 und 9 zeigen die Anzahl entsprechender Einrichtungen pro Bundesland für die Jahre 2002 und 2003.

---

[75] Aber auch heute ist Öffentlichkeitsarbeit für die Arbeit ambulanter Hospizdienste eine sehr wichtige Aufgabe. Im Zuge gesellschaftlicher Weiterentwicklung, dem Angebot verschiedener lokaler Hospizdienste hat die Öffentlichkeitsarbeit zuweilen einen anderen Stellenwert bzw. eine andere Notwendigkeit erlangt.

Abb. 7 Zahl der Ambulanten Hospizdienste und Hospizinitiativen (Stand 2003/2004)

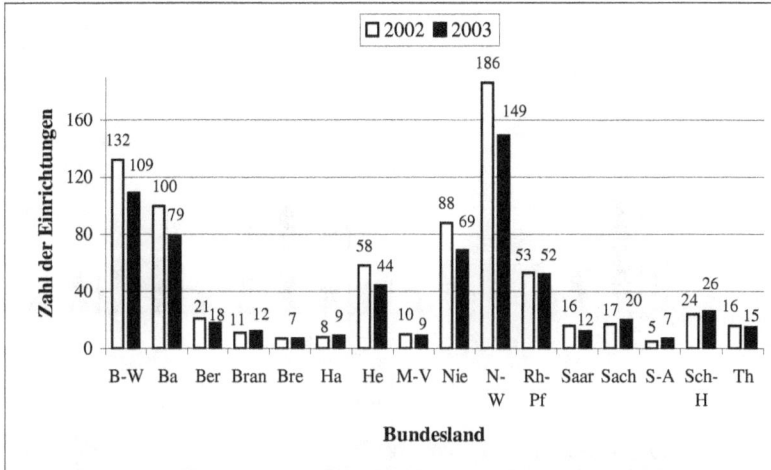

Quelle: Hopiz- und Palliativführer 2002/2003: 9

Abb. 8 Zahl der Stationären Hospize (Stand 2003/2004)

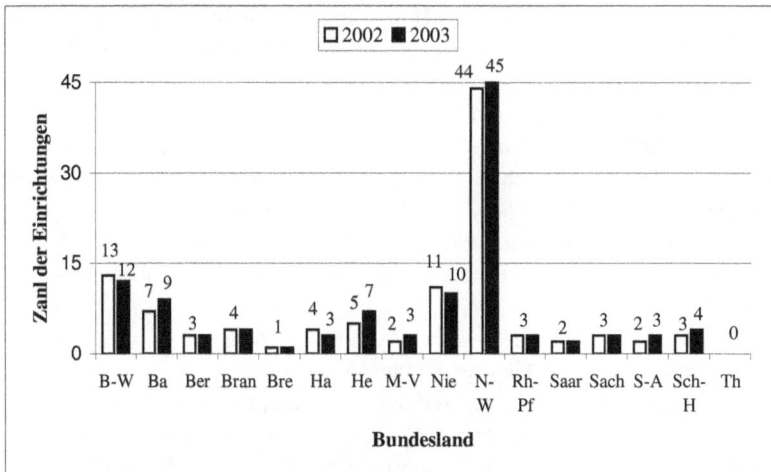

Quelle: Hospiz- und Palliativführer 2002/2003: 9

79

Abb. 9 Zahl der Stationären Palliativeinrichtungen (Stand 2003/2004)

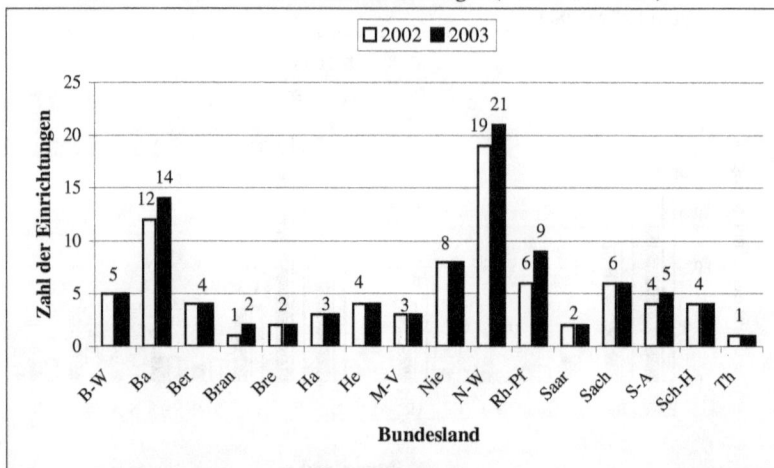

Quelle: Hospiz- und Palliativführer 2002/2003: 9

Es wird deutlich, dass die Zahl der ambulanten Hospizdienste und Hospizinitiativen in jedem Bundesland, trotz eines Rückganges im Jahr 2003[76], weitaus höher ist, als die Zahl der stationären Einrichtungen. Die gesellschaftliche Implementierung von Hospizarbeit ist nicht auf die Einrichtung stationärer oder teilstationärer Einrichtungen[77] beschränkt, u. a. deshalb nicht, weil sie sich aus einer Art BürgerInnenbewegung entwickelt hat. Sie ist zudem abhängig von der in Deutschland so populären (sozialpolitischen) Devise *ambulant vor stationär*, die entsprechende Strukturen im pflegerischen und medizinischen Bereich fördert. Ein wesentlicher Faktor der *modernen* Hospizarbeit besteht folglich in der ambulanten Umsetzung der Begleitung Sterbender, wenngleich ursprünglich das Ziel vieler Initiativen und Gruppen darin bestand oder noch besteht stationäre Einrichtungen zu schaffen.

Doch ambulant darf nicht heißen Versorgung Zuhause um jeden Preis.[78] Um (schwerstkranken) Menschen einen Abschied in der vertrauten Wohnumgebung zu ermöglichen, müssen dort auch die pflegerische und ärztliche Versorgung gewährleistet werden können. Die ambulante Begleitung setzt zwar direkt am gewohnten Lebensumfeld des Sterbenden an, doch besteht

---

[76] Worauf diese sinkenden Zahlen zurückzuführen sind und inwiefern sie womöglich im Zusammenhang mit den gestiegenen formalen Anforderungen an ambulanter Hospizarbeit sowie finanziellen Fragen stehen, kann hier nicht beantwortet werden.

[77] Angaben zu den ersten stationären Einrichtungen in Deutschland, Anfang der 1980er Jahre, finden sich in Büschges (1994: 225).

[78] Kriterien für die Aufnahme in ein stationäres Hospiz finden sich z. B. in Student (1999: 29ff).

hier auch, wie Student anführt, eine „Grenze der Leistungsfähigkeit". Die ambulante Betreuung kann seiner Meinung nach nur dann übernommen werden, wenn es mindestens *eine* Bezugsperson gibt, die die Verantwortung für die Fürsorge des Sterbenden übernimmt (Student 1999: 28).

Nachdem bereits einzelne Grundzüge der ambulanten Hospizarbeit beleuchtet wurden, soll an dieser Stelle noch einmal ein Schritt zurückgegangen werden. Folgende Frage wird mit Blick auf Tabelle 9 etwas eingehender betrachtet: Welche Bedeutungen von „Hospiz" können in Bezug auf die historischen und gesellschaftlichen Entwicklungen mit der Begrifflichkeit verbunden werden?

Tab. 9 Hospiz – Überblick zu verschiedenen Deutungen

Hospiz als				
Idee & Konzept zur Begleitung Sterbender und deren Angehörigen Handlungsleitfaden gegenüber etabliertem Medizinsystem	**öffentlichkeitswirksame Bewegung** von **Inhalten** fußend auf den Konzepten zur Begleitung Sterbender	**Bewegung** von aktiven **Menschen**, die sich auf der unmittelbaren **Handlungsebene** in der und für die Begleitung sterbender Menschen einsetzen	**Haus** bzw. räumliche Einrichtung, in das sterbende Personen aufgenommen werden	**Organisationsform**, die sich speziell den Menschen in ihrer Umgebung widmet, quasi nach Hause kommt
Hospizidee/ Hospizlichkeit Konzept der Begleitung im Sterben, Fokus auf Bedürfnisse und die Sterbenden als Mensch und sein Umfeld	**Hospizbewegung** Thematisierung und Kritik der Bedingungen des Sterbens	**HospizlerIn/Engagierte**, individueller konkreter Umgang mit Sterbenden	**stationäres Hospiz**, stationäre Begleitung Sterbender/ Angehöriger	**ambulanter Hospizdienst**, ambulante Begleitung Sterbender/ Angehöriger

Quelle: eigene Darstellung

Es ist wichtig zu erwähnen, dass sich mit dem Hospizgedanken zwar der Versuch zur „Euthanasieprophylaxe" verbindet (Rest 1995: 33). Aufgrund der Ungenauigkeiten in der semantischen Nutzung von Sterbehilfe und Sterbebegleitung, soll folgendes Zitat herausgestellt werden:

„Hospiz ist stets eine Bewegung *für* Betroffene gewesen und nicht eine Bewegung *gegen* aktive Sterbehilfe. [...] Auch wenn die Hospizbewegung zu einer Zeit entstanden ist, als sich die Deutsche Gesellschaft für Humanes Sterben mit ihren Forderungen nach einer gesetzlichen Regelung zur aktiven Sterbehilfe zu Worte meldete. Die Hospizbewegung hat nicht dogmatisch eine Gegenposition bezogen, sondern ein praktisches Angebot an Menschen gemacht, in dem sich die aktive Sterbehilfe erübrigen sollte [Herv. im Org.; Anm. TM]" (Roß 2002: 146).

Zwar spiegelt die obige Stellungnahme nicht *die* Meinung *der* Hospizbewegung[79] wider, doch ist die Hospizbewegung nicht *primär* aus dem Grund angetreten sich gegen aktive Sterbehilfe sowie eine eindeutige Verrechtlichung der Sterbehilfepraktiken zu positionieren, sondern es ging und geht in erster Linie darum die Bedürfnisse Betroffener zu beachten, sie ins Zentrum zu rücken und daraus zu lernen. Mit dem Hospizbegriff verbindet sich hier ein ganzheitliches Konzept, das getragen durch engagierte Personen auf gesellschaftlicher Ebene als BürgerInnenbewegung wahrgenommen wurde bzw. wird. Die strukturelle Nachfrage offenbart sich durch die Einrichtung stationärer und ambulanter Hospize in der Gesellschaft.

Die unterschiedlichen inhaltlichen Auffassungen von Hospiz sorgen dafür, dass sich eine Auseinandersetzung unweigerlich auf verschiedenen Bedeutungsebenen abspielt. Diese sind zwar grundsätzlich differenziert zu betrachten, die Grenzen sind jedoch nicht rigide, sondern fließend. Bei folgenden Darstellungen, die noch eingehender die ambulante Hospizarbeit fokussieren, wird nicht mehr explizit auf die unterschiedlichen Bedeutungsebenen hingewiesen, da die Hospizidee z. B. in der Form ambulanter Hospizarbeit organisiert ist.

Tab. 10 Typische Organisationsformen

Bezeichnung	Stationäres Hospiz	Ambulanter Hospizdienst oder Hospizinitiative	Palliativstation
Form	i.d.R. eigenständige stationäre Einrichtung zur Begleitung Betreuung Sterbender und deren Angehörigen	oft als eingetragener, eigenständiger Verein tätig oder an Pflegedienst angeschlossen bis hin zum losen Zusammenschluss von Menschen, die sich in der Hospizarbeit engagieren wollen	i.d.R. an Krankenhaus angegliedert
Ziel bzw. Anspruch	primär Begleitung bis zum Tod im stationären Hospiz und Öffentlichkeitsarbeit	Begleitung im letzten Lebensabschnitt in häuslich-familiären Bereich und Thematisierung von Sterben und Tod öffentlich wie privat	Psychosoziale Stabilisierung/ Schmerzlinderung auf der Palliativstation
Zahlenverhältnis Ehrenamtliche - Professionelle	ungefähr gleich	Mehrzahl sind Ehrenamtliche oder rein ehrenamtliches Engagement	Ehrenamtliche spielen gegenüber medizinisch-pflegerischem Personal untergeordnete Rolle

Quelle: vgl. Weiß 1999: 66ff/ GBE 2001: 10ff

---

[79] Aus einer bewegungssoziologischen Sicht ist vielmehr von zahlreichen lokalen Einzelinitiativen und Zusammenschlüssen auszugehen, denn von einer kompakten Hospizbewegung.

Der wesentliche Unterschied[80] zwischen einem stationären und einem ambulanten Hospizdienst besteht darin, dass die ambulanten Vereine und Initiativen eine Art „Hausbetreuungsdienst" gewährleisten und nicht eine an ein Haus gebundene Einrichtung darstellen, in die schwer kranke Personen stationär aufgenommen werden können (siehe Tab. 10). Die MitarbeiterInnen ambulanter Hospizdienste gehen zu den Menschen, in deren (aktuelles) Lebensumfeld. Die Nähe zur „wohn-häusliche[n] Atmosphäre" des Sterbenden und dessen Angehörigen ist ein wesentliches Charakteristikum der ambulanten Tätigkeit (Rest 1995: 76f). Die ambulanten Dienste arbeiten stark mit niedergelassenen Ärzten zusammen, wohingegen die stationären Einrichtungen an eine stationär strukturierte medizinische Versorgung gebunden sind. Eine strikte Trennung zwischen stationären Hospizen auf der einen und ambulanten Hospizdiensten auf der anderen Seite, erscheint mir dennoch weder zutreffend noch sinnvoll. Aus der Idee heraus, den konkreten Umgang mit Sterbenden und deren Angehörigen bewusst und menschenwürdiger zu gestalten, haben sich beide, sowohl die stationären als auch die ambulanten Einrichtungen entwickelt. Die betreuungsrelevanten und organisatorischen Unterschiede ändern nichts an dem Begleitungskonzept, das hinter beiden Hospizformen steht.

Bundesweit sind die verschiedenen Hospiz- und Palliativformen zur Sterbebegleitung nicht nur zahlenmäßig unterschiedlich vertreten, sondern m. E. sind ebenfalls die Angebots- und Organisationsstrukturen regionalspezifisch ausgeprägt. Je nach lokalen Gegebenheiten sind bei größeren Hospizen die stationäre Einheit und die ambulanten Versorgungsstrukturen in einem Verein zusammengefasst, wie z. B. beim *Christophorus Hospiz Verein* in München (vgl. CHV 2003). Ist dies nicht der Fall, wird die (regionale) Zusammenarbeit zwischen stationären und ambulanten Einrichtungen verstärkt durch entsprechende Verträge geregelt.[81]

In Hospizen finden professionelle und ehrenamtliche MitarbeiterInnen zusammen, wobei die Tätigkeit ehrenamtlicher HelferInnen nicht auf die ambulanten Hospizdienste beschränkt bleibt. Auch innerhalb stationärer Einheiten spielen Freiwillige im Gesamtkonzept der Sterbebegleitung eine Rolle. Es ist allerdings festzuhalten, dass die Zahl der Ehrenamtlichen in der ambulanten Hospizarbeit deutlich höher ist, als in den stationären Hospizen. Zur Visualisierung dieses Faktes ist unter Abbildung 10 eine Über-

---

[80] Zu den unterschiedlichen Finanzierungsregelungen der stationären und ambulanten Hospize finden sich wesentliche gesetzliche Vorlagen auf der Internetseite der BAG Hospiz (2001).

[81] Entsprechende Vereinbarungen und Musterverträge sind von der BAG Hospiz entwickelt wurden (BAG Hospiz 2003b). Wie die "Vor-Ort-Realität", d. h. die tatsächliche Zusammenarbeit aussieht, ist vor dem Hintergrund fehlender Daten nicht einschätzbar.

sicht dargestellt. Die Durchschnittswerte ergeben sich aus einer Erhebung von der DHS für das Jahr 2000.

Abb. 10 Durchschnittliche Anzahl der MitarbeiterInnen in Hospizeinrichtungen 2000[82]

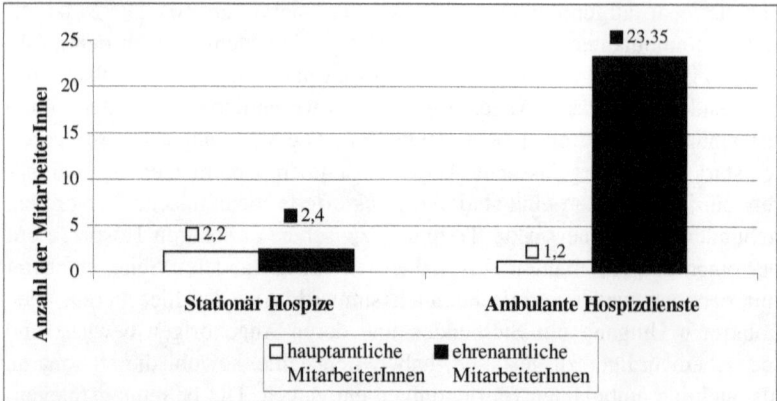

Quelle: GBE 2001: 12
Basisdaten: DHS 2000

Aus der Abbildung 10 geht deutlich hervor, dass ambulante Hospizarbeit primär *ehrenamtliche* Begleitung Sterbender ist bzw. dass die Ehrenamtlichen die ambulante Tätigkeit in der Breite erst ermöglichen. Geht man von 2003 bundesweit rund 637[83], der *Bundesarbeitsgemeinschaft Hospiz e. V.* (BAG Hospiz) bekannten, ambulanten, mehr oder weniger formalisierten Hospizgruppen aus, so scheint Hilfe beim Sterben aus hospizlicher Sicht in besonderem Maße durch Ehrenamtlichkeit geprägt. Wobei jedoch darauf hinzuweisen ist, dass nicht jede Hospizgruppe Sterbebegleitung durch freiwillige HelferInnen anbietet und organisiert.

Von der *Bundesarbeitsgemeinschaft Hospiz e. V.*, sie gilt als Dachverband ambulanter, stationärer, teilstationärer Einrichtungen und Palliativstationen, wurde in Zusammenarbeit mit den jeweiligen Landesarbeitsgemeinschaften (LAG Hospiz) ein Definitionskatalog entwickelt, der sowohl den Aufgabenumfang ambulanter Hospizdienste in unterschiedlichen Stationen der Institutionalisierung und Professionalisierung beschreibt als auch entsprechende Anforderungen und Standards festlegt. Tabelle 11 bietet einen

---

[82] Die Basisdaten lassen bezüglich der Ehrenamtlichen in stationären Hospizen keine Differenzierung zwischen patientennahem und patientenfernem Einsatz zu.
[83] Die relative Zahl ergibt sich aus der Summe der in Abbildung 7 abgebildeten Anzahl an ambulanten Hospizen und Hospizinitiativen in 2003.

Überblick über die unterschiedlichen Stufen des Angebots- und Versorgungsspektrums.

Tab. 11 Definitionskriterien Ambulanter Hospizdienste

Stufe	Bezeichnung	Kriterien
1	**Ambulante Hospizinitiative u.** Hospizgruppe	- Bildungs- und Öffentlichkeitsarbeit - und/oder psycho-soziale Begleitung durch geschulte ehrenamtliche HospizhelferInnen - und/oder Trauerbegleitung
2	**Ambulanter Hospizdienst** (AHD)	**Stufe 1 +:** - Psycho-soziale Beratung - Sterbebegleitung, Trauerbegleitung, Angehörigenbegleitung - Durchführung bzw. Vermittlung von HospizhelferInnenschulungen - Öffentlichkeitsarbeit - Hospizbüro mit festen Bürozeiten - eine hauptamtliche, fachlich qualifizierte Koordinationskraft
3	**Ambulanter Hospiz- u. Palliativ-Beratungsdienst** (AHPB)	**Stufe 1 und 2 +:** - Beratung bezüglich palliativ-pflegerischer Maßnahmen in Abstimmung mit behandelnden Ärzten/innen u. beteiligen Pflegediensten - Vermittlung weitergehender Hilfen - eine hauptamtliche Palliative-Care Pflegefachkraft
4	**Ambulanter Hospiz- u. Palliativ-Pflegedienst** (AHPP)	**Stufe 1, 2 und 3 +:** - palliativ-pflegerische Versorgung in Abstimmung mit den behandelnden Ärzten/innen / Grundpflege bei Bedarf - Anleitung von Angehörigen bei palliativ-pflegerischen Maßnahmen - es sollte 24h Ruf-Bereitschaft vorhanden sein sowie Anbindung an palliativ-medizinische Konsiliardienste - mindestens 3 hauptamtliche Pflegekräfte

Quelle: vgl. Müller 2002: 14/ Lamp 2001: 21

Mit Blick auf die den einzelnen Stufen entsprechenden Definitionen sind m. E. vor allem zwei Aspekte markant. So nimmt einerseits die verpflichtende Zahl der hauptamtlichen MitarbeiterInnen mit jeder Stufe zu, andererseits steigt damit auch die professionelle Pflege und palliativ-medizinische Betreuung.

Sterbebegleitung ist keine Aufgabe, die von einer Person allein in jeglichen Dimensionen gleichermaßen erfüllt werden kann. Die Notwendigkeit interdisziplinärer Zusammenarbeit wurde bereits angesprochen. Der Teambegriff unterstützt die Interdisziplinarität und hebt den Bedarf an Absprache, Vernetzung und verbindlicher Zusammenarbeit der unterschiedlichen Professionen hervor, gerade dann, wenn die Beteiligten in einem speziellen Fall, aber nicht dauerhaft, als Team zusammenarbeiten. Zum interdisziplinären Team sind neben den hauptamtlichen Professionellen die Ehrenamtlichen hinzuzuzählen.

Ein Aspekt, der m. E. in diesem Zusammenhang zu selten erwähnt wird, ist die Rolle pflegender Angehöriger. Dies mag zum einen daran liegen, dass sie zu den Adressaten hospizlicher Arbeit gehören und auch keine öffentlichen Versorgungsangebote darstellen. Zum anderen besteht ein klares (Forschungs-) Defizit, sodass über Motivation, Rolle und allgemeines Ausmaß der privaten Pflege im Verbund mit ambulanter Hospizarbeit kaum Erkenntnisse vorliegen (vgl. Seibert et al. 1997: 6).

3.2.2 Vorbereitung von BegleiterInnen

Im Rückblick auf die Multidimensionalität von Sterbebegleitung wird klar, dass sie einerseits eines hohen Maßes an Fachwissen bedarf, wenn es um die Versorgung aus medizinischer und pflegerischer Sicht geht, andererseits sind Mitmenschlichkeit und psychosoziale Stabilisierung durch Ehrenamtliche gefragt.

Ehrenamt und Freiwilligenarbeit wird in der modernen Gesellschaft im Spannungsfeld von sozialer Arbeit und bürgerschaftlichen Engagement sehr vielfältig und kontrovers diskutiert.[84] Die Diskussionen um Professionalität, Professionalisierung und Ehrenamtlichkeit hinterlassen auch in der hospizlichen Praxis ihre Spuren.

Im Hinblick auf die Ursprünge der Hospizbewegung spielt das freiwillige Engagement und daraus resultierend die Ehrenamtlichkeit eine zentrale Rolle. Zwar ist die ambulante Pflege keine neue Erfindung der Hospizidee (Lamp 2001: 25). Doch die ehrenamtliche Begleitung ist sozusagen eine moderne "Erfindung" im Umgang mit Sterben und Tod.

Student beschreibt die Veränderung der Ehrenamtlichkeit im Hospizbereich im Zusammenhang mit der Gründung und Etablierung von Hospizinstitutionen (Student 2001). In einer ersten Phase waren es ausschließlich Ehrenamtliche, die sich engagierten und etwas bewegen wollten. Mit dem Aufbau ambulanter Hospizdienste oder stationärer Einheiten ändert sich die Rolle der Ehrenamtlichen dahingehend, dass gegenwärtig bezahlte und unbezahlte MitarbeiterInnen zusammenarbeiten.[85] Aus Students Sicht sind sowohl hauptamtliche als auch ehrenamtliche MitarbeiterInnen *Fachkräfte*. Erstere besitzen ein Fachwissen aus beruflicher Hinsicht. Die Freiwilligen

---

[84] Vgl. dazu etwa die Arbeit von Meike Peglow (2002) zu „Das neue Ehrenamt".

[85] Nach Informationen aus den ExpertInneninterviews haben viele der hauptamtlichen MitarbeiterInnen als Ehrenamtliche ihre Tätigkeit begonnen.

sind „Fachleute für das Alltägliche", die bei sterbenden Menschen und deren Angehörigen öffentlich wirksam werden (Student 2001: 2).

Welche Merkmale können den Einsatz ehrenamtlicher Kräfte auszeichnen? Die Autorin Meike Peglow hat wesentliche Unterschiede von LaienhelferInnen und Professionellen polarisierend gegenübergestellt.

Tab. 12 Charakteristika zur Unterscheidung von Ehrenamtlichen und Professionellen

Laienhelfertum[86]	Professionelle
biographische Wissensbestände	wissenschaftliche Wissensbestände
alltagsweltliche Orientierung	sozialarbeiterische Orientierung
hohe Beziehungsnähe	professionelle Distanz
flexibel	unflexibel
immaterieller Gewinn	Absicherung des Lebensunterhaltes
geringe Fallzahl	hohe Fallzahl

Quelle: Peglow 2002: 81

Die ehrenamtlichen SterbebegleiterInnen greifen nicht nur, wie vermerkt, auf biographische Wissensbestände zurück. Um im Rahmen ambulanter Hospizdienste ehrenamtlich eingesetzt werden zu können, müssen die Interessierten einen Vorbereitungskurs absolvieren. Dieser dient dazu, sich generell Klarheit darüber zu verschaffen, ob die Begleitung Sterbender und deren Angehörigen eine Aufgabe ist, die man erfüllen möchte. Diese Kurse sind dabei nicht als Fortbildung zur Sterbebegleitung im Sinne einer Wissensbildung zu werten. Primär handelt es sich um eine Bildung, die soziale Kompetenz fördern soll, den Blick auf die eigene Vergänglichkeit und den subjektiven Umgang mit Sterben und Tod richtet. So ist die Vorbereitung auf Sterbebegleitung zunächst darauf ausgelegt den Teilnehmenden Hilfen für sich selbst an die Hand zu geben. Aus Sicht der hospizlichen Einrichtung geht es zwar um die Vorbereitung auf eine zukünftige Tätigkeit als SterbebegleiterIn. Die Kurse setzen bei den eigenen Verlusten an und sind dadurch gleichsam Nachbereitung wie Vorbereitung.

In der Sterbebegleitung geht es vordergründig um den „fremden" Tod, damit ist der einer anderen Person gemeint. Doch wird in der konkreten Begleitung schnell deutlich, dass es sich in diesem Kontext um die Einstellung zur eigenen Vergänglichkeit, dem Verständnis und Wertvorstellungen von Leben und Sterben sowie Glaubenssätzen dreht.

---

[86] Im Zusammenhang mit hospizlicher Sterbebegleitung taucht die Bezeichnung der LaienhelferInnen nur selten auf. Auf etwaige Bedeutungsunterschiede zwischen Ehrenamt und Laienhelfertum soll nicht eingegangen werden, die Begrifflichkeiten werden hier synonym verwendet.

Eine Untersuchung zu den Konzepten derartiger Vorbereitungskurse hat die Wissenschaftlerin Dahms 1999 vorgelegt. Sie stellt zu Beginn die Vielfältigkeit vorhandener Schulungskonzepte heraus. Mittels einer schriftlichen Befragung (211 Fälle) konnten Materialien zu den Vorbereitungskursen der einzelnen Hospize zusammengetragen werden. Aufgrund des Datenmaterials hat die Forscherin sechs grundlegende Einteilungen vorgenommen (Dahms 1999: 5f, 95ff). Die meisten Hospize orientieren sich demnach an folgenden Konzepten:

1. Handbuch zur Begleitung Schwerkranker und Sterbender[87] Konzept der Vereinigten Evangelisch-Lutherischen Kirche Deutschlands (VELKD)[88]
2. Eigene Konzepte basierend auf eigenen Vorstellungen und Richtlinien
3. Übernahme des Vorbereitungskonzeptes des Franziskus-Hospiz Hochdahl
4. Empfehlungen der Arbeitsgemeinschaft zur Förderung der Hospizbewegung des Bundesministeriums für Arbeit und Sozialordnung in der BRD
5. Übernahme des Vorbereitungskonzeptes des Christopherus Hauses in München
6. Konzept aufgrund der Kursvorschläge der Ansprechstellen des Landes Nordrhein-Westfalen zur Pflege Sterbender, Hospizarbeit und Angehörigenbegleitung (ALPHA)

Zusammenfassend stellt die Autorin fest, dass die meisten Hospize Vorbereitungsschulungen für die Ehrenamtlichen durchführen. Trotz aller Unterschiede in der Organisation der Kurse (Aufbau und Dauer der Kurse, Hilfsmittel, Methoden, Erfahrungen und Qualifikationen der Ehrenamtlichen) resümiert Dahms, dass die inhaltlichen Aspekte dessen, was vermittelt werden soll, sehr einheitlich sind. Sie weist jedoch weiter daraufhin, dass das Verhältnis zwischen Elementen der Selbsterfahrung und denen der Wissensvermittlung über die Konzepte hinweg unterschiedlich stark ausgeprägt ist. Auch die Orientierung an ein und demselben Konzept bedeutet nicht, dass die Kurse nahezu identisch sind. Die Organisation vor Ort obliegt dem jeweiligen Hospiz, das diese nur nach seinen Möglichkeiten ausgestalten kann. Ambulante Hospizdienste bieten öffentlich Dienstleistungen an, Menschen während der Zeit von Krankheit, Sterben und Trauer zu begleiten. Dadurch übernehmen sie eine Verantwortung gegenüber den eh-

---

[87] Ebert, A./ Godzik, P. (Hrsg.) (1993): Verlaß mich nicht, wenn ich schwach werde. Handbuch zur Begleitung Schwerkranker und Sterbender. Hamburg: E.B.-Verlag.
[88] Dieses Konzept ist auch als *Celler Modell* bekannt.

renamtlichen BegleiterInnen, aber sie stehen auch in der Verantwortung gegenüber den Begleiteten. Vor diesem Hintergrund formuliert Dahms Mindestanforderungen, die sich auf die Fähigkeiten und das Selbstverständnis der ehrenamtlichen MitarbeiterInnen, die Begleitung während und nach einer Begleitung sowie die Qualifikationen der Schulungskräfte bezieht. Ein zentraler Aspekt steht in Verbindung mit der weiteren Begleitung der Ehrenamtlichen. Es sollte nicht nur die Möglichkeit zur Supervision und regelmäßigen Gruppentreffen bestehen, sondern sie sollten als verbindlich gelten.

Im Zuge der Professionalisierung von Hospizpraxis äußert sich der Soziologe Gronemeyer kritisch:

„Fachleute bemühen sich in wachsendem Maße um die Abschaffung unordentlichen, spontanen und unbegleiteten Sterbens – die Resolution ist allenfalls ein Trendsetter, der die kommende Verwaltung des Sterbens anvisiert" (Gronemeyer 1985: 103).

Sind es tatsächlich die Vorbereitungskurse an sich, die Gronemeyer angreift oder spielt er auf die Konsequenzen der modernen Vorgehensweise, Problemstellungen zu formalisieren und entsprechende Lösungsstrategien zu professionalisieren, an? Er sieht in den Entwicklungen eine Infizierung des Ehrenamtes von der Idee der Professionalisierung (Gronemeyer 2002: 144). Meiner Ansicht nach sind die Vorbereitungskurse, sofern sie nicht als pure Weiterbildungs- und Qualifizierungsangebote gesehen werden, angesichts des sozialisatorischen Erfahrungsmangels[89] im direkten Umgang mit Sterbenden und deren Angehörigen ein sinnvolles und unterstützendes Angebot. Im Rahmen einer Gruppe besteht die Möglichkeit, sich mit Erfahrungen zu Sterben und Tod sowie den damit verbundenen Emotionen auseinander zu setzen. Die Vorbereitungskurse bieten jedoch keine Curricula zum "sicheren" Umgang mit Sterben und Tod. Bereits Alois Hahn beschrieb:

„Das bloße Wissen um den Tod allein bleibt hingegen häufig von geringer Relevanz für die Handlungsorientierungen des einzelnen, wenn es sich nicht in bestimmten Situationen, die er persönlich erfahren hat, konkretisiert und so als wichtiges Moment der "world taken for granted" (Schütz) ausweist [sic]" (Hahn 1968: 138).

Daraus lässt sich m. E. ableiten, dass erst ein verstärktes Erleben von Sterben und Tod dazu führt, diese ins Leben einzubinden bzw. Konsequenzen für die eigenen Handlungen daraus zu ziehen.

---

[89] Vgl. dazu die Ausführungen im theoretischen Teil dieser Arbeit (Kap. 2.4.1).

3.2.3 Fazit

In Deutschland ist der Umgang mit Sterben und Tod zunehmend geprägt von den Prinzipien der Hospizidee. Wenngleich Sterbebegleitung an sich, keine Neuheit darstellt, so ist doch das Angebot verschiedener Organisationsformen, Sterbende zu begleiten, relativ jung.

Zusammengefasst ist festzustellen, dass der Hospizgedanke nicht an Räumlichkeiten gebunden ist, wohl aber an ein soziales Umfeld, das durch Offenheit für individuelle Belange gekennzeichnet sein muss. Ambulante Hospizdienste haben entsprechende Kapazitäten und Ressourcen. Sie bieten durch ihre ehrenamtlichen Kräfte Begleitungen an.

Es wird insgesamt deutlich, dass die Bemühungen sich mit dem Sterben und den Bedingungen des Sterbens auseinander zu setzen auf Seiten der Lebenden liegen, insbesondere bei Angehörigen oder Personen, die einen nahe stehenden Menschen verloren haben. Oft sind es deren Kraft und Lebenszeit aber auch die materiellen Ressourcen, sich zukünftig für menschenwürdige Sterbebedingungen einzusetzen. Rest schreibt: „Die Kosten für eine Humanisierung des Sterbens (die materiellen, personellen, und ideellen) müssen die Gesunden tragen" (Rest 1998: 29). Es ist also Aufgabe der Gesunden, der Weiterlebenden sich frühzeitig für entsprechende Sterbebedingungen einzusetzen.

Das Engagement ehrenamtlicher HelferInnen, den Menschen dort abzuholen, wo er zu Hause ist, erfüllt einen Teil einer ganzheitlichen Sterbebegleitung. Wichtig ist, dass gleichzeitig die Befriedigung körperlicher Bedürfnisse der Schwerstkranken gewährleistet ist. Oftmals ist erst dann der Raum gegeben, sich anderen, weiteren Lebensbeschäftigungen widmen zu können.

In den Kursen zur Vorbereitung auf die Sterbebegleitung wird stark auf die Auseinandersetzung mit dem eigenen Tod, den eigenen Ängsten und bereits vergangenen (Verlust-) Erfahrungen eingegangen. Die Kurse sind vor allem auf Wissensbildung bzw. Aufklärung bzgl. Tod und Sterben angelegt. Weiterhin beruht die Vorbereitung stark auf Selbsterfahrung, auf Bildung und Stärkung von Selbstkompetenzen. Dadurch leisten die ambulanten Hospize m. E. nicht nur einen Beitrag zum Abbau von Unsicherheiten in der Begleitung Sterbender sondern im Blickpunkt stehen hier zuerst die Interessierten mit ihren Erfahrungen und Problemen. Um Menschen begleiten bzw. ihnen Beistand geben zu können, ist die bewusste Wahrnehmung von subjektiven Ängsten und Kommunikationsschwierigkeiten hinsichtlich Tod und Sterben unerlässlich.

3.3 Fallstudie zu Selbstverständnis, Praxis und Angebots- struktur ambulanter Hospizarbeit in der Stadt Bremen

Welche Aufgaben beinhaltet die Praxis ambulanter Hospizarbeit?

Im vorherigen Kapitel wurden die Inhalte hospizlichen Begleitens dargestellt. Da deutschlandweit unterschiedliche regionale Hospizstrukturen und –dichten existieren, sowohl ambulanter als auch stationärer Art, soll nun exemplarisch eine städtische Region anhand einer explorativen, empirischen Erhebung dargestellt werden. Ziel dieser Fallstudie ist es, einen Einblick in die Organisationsstruktur und Arbeitspraxis der Hospizdienste in der Stadt Bremen zu erhalten. Im Hinblick auf die Menschen, die noch keinerlei Kontakt zu Hospizen und oder Sterbenden hatten, erscheint es m. E. dringend notwendig die Transparenz dieser ambulanten Praxis zu erhöhen.

3.3.1 Methodisches Vorgehen und Forschungsfeld

Vor dem Hintergrund eines bislang relativ unsystematisierten Forschungsfeldes erschien es sinnvoll, qualitative Methoden anzuwenden. Siegfried Lamnek sieht die Aufgabe wissenschaftlicher Erhebungsmethoden generell darin, „[...] die Ungewißheit, die über den zu untersuchenden Objektbereich besteht, in eine tendenzielle Gewissheit zu verwandeln [sic]" (Lamnek 1989: 93). Als Datenbasis der Deskription dienen fünf leitfadengestützte ExpertInneninterviews.[90] Wichtig bei diesem Typus der Befragung ist, dass sich die Interviewperson bereits zur Ausarbeitung des Leitfadens mit dem entsprechenden Thema auseinander gesetzt hat (Lamnek 2002: 176). Dies war im Rahmen eingehender Recherchen und Vorarbeiten gewährleistet. Das leitfadenstrukturierte Interviewverfahren bot den Vorteil, dass durch offene, aber wiederkehrende Fragen die Vergleichbarkeit des Datenmaterials erhöht werden konnte. Dennoch haftet das Erhebungsverfahren nicht rigide am Leitfaden.[91]

Die Interviews wurden in Bremen mit MitarbeiterInnen und Vorstandsmitgliedern der dort ansässigen ambulanten Hospizdienste durchgeführt. Aufgrund ihres Eingebundenseins in den Funktionskontext ambulanter Hospizarbeit, verfügen die MitarbeiterInnen über einen deutlichen Wis-

---

[90] Zur Methodik des ExpertInneninterviews und der Leitfadenbefragung vgl. Atteslander (2000: 150ff), Lamnek (2002: 176). Zur Problematik dieser Befragungsmethode werden einzelne Aspekte von Michael Meuser und Ulrike Nagel ins Feld geführt (Meuser/Nagel 1991).
[91] Zu den Schwierigkeiten in der Arbeit mit Leitfäden schreibt Christel Hopf (Hopf 2000).

sensvorsprung und fungieren so als Experten im Bereich Sterbebegleitung (vgl. Liebold/Trinczek 2002: 37f).

Auf eine schriftliche Anfrage sicherten die MitarbeiterInnen der fünf angefragten Vereine ihre Bereitschaft zum Gespräch zu. Das stationäre Hospiz „brücke" sowie die Palliativstation im Zentralkrankenhaus „Links der Weser" wurden in die Erhebung nicht mit einbezogen, da sich der Schwerpunkt der Betrachtung auf die ambulanten Vereine konzentriert.

Zusammengefasst spiegeln die folgenden Fragen die Kernelemente des Interviewleitfadens[92] wieder:

1. Welche Aufgaben erfüllen bzw. welche Arbeit leisten ambulante Hospizdienste?
2. Wie organisieren die Vereine ihre Arbeit?
3. Wie ist das Verständnis im gesellschaftlichen Kontext? Worin besteht der gesellschaftliche Anspruch?
4. Wo liegen Probleme und Schwierigkeiten in der Durchführung hospizlicher Arbeitspraxis?

Alle fünf ambulanten Hospizdienste in der Stadt Bremen sind Vereine, die nach meiner Kenntnis in Verbindung mit den Definitionskriterien der BAG Hospiz als Ambulante Hospizdienste klassifiziert werden können (vgl. Tab. 10, Stufe 2). Die Gründung von Vereinen hat u. a. finanzielle Gründe, da die Sachmittelförderung durch den Senator für Arbeit, Familie, Gesundheit, Jugend und Senioren (SfAFGJS) im Stadtstaat Bremen nur an Vereine ausgegeben wird.

Die Tätigkeitsfelder der InterviewpartnerInnen erstreckten sich vom koordinierenden, organisatorischen bis hin zum konzeptionellen Aufgabenbereich. Sie hatten alle Erfahrungen mit der Begleitung Sterbender. Unter ihnen waren ehrenamtliche aber auch hauptamtliche MitarbeiterInnen. Wobei die Finanzierung dieser Stellen nicht durch den Hospizverein, sondern durch andere Mittel getragen wurde.

Der Fall Bremen besteht aus einzelnen Vereinen, deren Anzahl fördernder und aktiver Mitglieder verschieden ist. Ein Verein bestand erst seit einem Jahr andere wiederum sind aus dem Engagement hospizbewegter Akteure aus den 1990er Jahren in Bremen hervorgegangen. Die Tabelle 13 bietet eine Übersicht zu den Mitgliedszahlen und den getätigten Begleitungen. Auffallend, aber nicht unerwartet, ist die vergleichsweise hohe Zahl der ehrenamtlichen Begleiterinnen gegenüber den männlichen Begleitern. Weiterhin gewinnt man im Blick auf die letzten beiden Spalten der Tabelle einen Eindruck davon, wie Zeit intensiv ehrenamtliche Begleitung ist.

---

[92] Zur Kenntnis der Fragen, befindet sich der Interviewleitfaden im Anhang (Abschnitt 6.1) der Arbeit.

Tab. 13 Ambulante Hospizdienste in der Stadt Bremen 2002

Name des ambulanten Hospizdienstes	Fördernde Mitglieder	Aktive Mitglieder (Begleiterinnen)	Aktive Mitglieder (Begleiter)	Begleitungen gesamt	Stundenzahl der abgeschlossenen Begleitungen
Hospizverein Bremen[93] - Lebens- u. Sterbebegleitung e. V. www.hospizverein-bremen.de	155	43	7	65	2490
Hospiz Horn e. V. www.cyber-surfer.de/hospiz-horn	90	34	6	84	1724
Hospiz Hilfe e. V. www.hospiz-bremen.de	72	30	4	74	1400
Hospiz Bremen Nord e. V.	80	19	2	57	740
Hospiz Bremische Schwesternschaft e. V. www.drk-schwesternschaft-bremen.de	25	17	1	33	678

Quelle: vgl. LAG 2003

Im Folgenden werden die Informationen aus den Interviews nach einem am Leitfaden angelehnten Analyseraster wiedergegeben.

3.3.2 Anfrage und Kontaktaufnahme mit dem ambulanten Hospizdienst

Der Kontakt zu dem jeweiligen Hospizverein wird selten durch den betroffenen Menschen selber hergestellt. Aus den Interviews ging hervor, dass es meistens andere Personengruppen sind, allen voran die Angehörigen, die sich an die ambulanten Hospizdienste wenden. Daneben spielen z. B. auch professionelle Pflegekräfte ambulanter Dienste eine gewichtige Rolle. Nach der Einschätzung eines Interviewpartners ist die Hemmschwelle, beim Hospizdienst nachzufragen, für den professionellen Personenkreis geringer als für die direkt Betroffenen.

---

[93] Der vollständige Name des Hospizes lautet: *Hospizverein Bremen, Lebens- und Sterbebegleitung e. V.* Wenn im weiteren Verlauf der Arbeit von Hospizverein die Rede ist, dann ist damit nicht dieser spezifische Verein gemeint, sondern die allgemeine Struktur der Rechtsform.

93

Die Mitarbeiter der Hospizvereine unternehmen keine unangekündigten Besuche, auch wenn der Kontakt über die Angehörigen hergestellt wird. Es wird verlangt, dass die Anfrage und der Besuch mit dem oder der Betroffenen abgesprochen wird, sofern die Person bei Bewusstsein ist.

In vielen Fällen kommt der Kontakt über das direkte Umfeld erst dann zustande, wenn die Sterbenden nicht mehr verbal kommunizieren können bzw. wenn die pflegenden Personen am Ende ihrer Kräfte sind. Abgesehen davon, dass sich kein richtiger (früher) oder falscher (später) Zeitpunkt bestimmen lässt, bei einem Hospizdienst anzufragen, wurde der Wunsch geäußert, dass die Nachfrage nach Hilfe, sowohl im Interesse der Angehörigen als auch der sterbenden Person, zu einem Zeitpunkt erfolgt, wo noch nicht alle Kräfte aufgebraucht sind.

3.3.3 Erstbesuch und Rolle der Koordinationskraft

Eine zentrale Rolle im Übergang vom Erstkontakt zur möglichen Begleitung spielt die Koordinationsperson. In allen Vereinen waren Koordinationskräfte tätig.[94] In der Regel übernehmen sie den Erstbesuch und die weiteren, wie der Titel bereits sagt, *Koordinations*aufgaben. Eventuell erfolgt auch ein telefonisches Erstgespräch mit den Betroffenen.

Der Erstbesuch ist eine qualitativ sehr aufwendige, aber unerlässliche Arbeit. Er dient zur Klärung: Was wird beim Sterbenden und dessen Umfeld gebraucht und was kann der Hospizdienst leisten? Die Koordinatorinnen[95] üben eine beratende und unterstützende Funktion aus, wenn es darum geht, ambulante Pflegedienste, Schmerztherapeuten o. Ä. einzuschalten. Der Organisationsaufwand hinsichtlich weiterer notwendiger Dienste verbleibt größtenteils in den Händen der Angehörigen.

Aufgrund des Erstbesuches wählen die Koordinationskräfte eine ehrenamtliche HospizlerIn für die weitere Begleitung aus. Nach Einschätzung aller InterviewpartnerInnen ist in der überwiegenden Mehrzahl der Fälle nach dem Erstbesuch auch eine Begleitung erwünscht. Die Position der koordinierenden Kräfte befindet sich somit an der Schnittstelle zwischen Klienten und Ehrenamtlichen. Sie müssen sowohl die Gesamtlage bei den Betroffenen einschätzen können als auch die passende SterbebegleiterIn auswählen. Eine gute Kenntnis über die ehrenamtlichen SterbebegleiterInnen ist deshalb unerlässlich. Die Koordinatorin stellt für diese Akteure zu-

---

[94] Zur Notwendigkeit eine Koordinationskraft zu beschäftigen vgl. die gesetzlichen Rahmenvereinbarungen (BAG Hospiz 2003c).
[95] In den betreffenden Vereinen waren es jeweils Frauen, die diese Aufgabenfelder ausfüllten.

dem eine direkte Ansprechpartnerin dar, wenn es Probleme oder Fragen in der Begleitung gibt. Durch die Arbeit der Koordinationskraft wird der Eintritt der Ehrenamtlichen in die neue Situation erleichtert. Die ersten Vorstellungen, Bedürfnisse und Notwendigkeiten wurden bereits mit den Betroffenen abgesprochen. Für die Ehrenamtlichen ist es mittels Absprache mit der Koordinatorin möglich, sich ungefähr auf die sie erwartende Situation einzustellen. Die persönliche Kenntnis sowie ein kontinuierlicher, vertrauter Umgang zwischen Ehrenamtlichen und Koordinierungskraft ist für die ambulante Hospizarbeit unerlässlich. Die treffende Einsatzwahl und -steuerung ist nur dann möglich, wenn zwischen den Personen ein vertrauensvolles und persönliches Verhältnis besteht. Vor allem zu den Ehrenamtlichen der jeweiligen Ausbildungsgruppen besteht eine enge Beziehung.

Ein Interviewter wies nachdrücklich auf den hohen Bedeutungsgrad des Bezugspunktes „Koordinatorin" hin. Für die einzelne HospizlerIn stellt die stete Präsenz einer Koordinationsperson einen wesentlichen "Link" zum ambulanten Hospizdienst dar. Es ist sehr wichtig, für Beständigkeit hinsichtlich der Koordinierungsstelle zu sorgen. Aufgrund prekärer Arbeitsverhältnisse ist dies nicht in jedem Falle so einfach zu gewährleisten. Für die Bindung der HospizlerIn an den Verein spielt zwar die Identifikation mit dem ehrenamtlichen Engagement eine übergeordnete Rolle, aber auch der Bezug zur Koordinatorin ist hierbei nicht zu unterschätzen. Für eine Koordinierungskraft ist eine treffende Einsatzwahl vor diesem Hintergrund nur dann möglich, wenn sie eine überschaubare Zahl[96] Ehrenamtlicher zu betreuen hat.

3.3.4 Sterbebegleitung – Lebensbegleitung Sterbender und deren Angehörigen

Die Entscheidung darüber, wie oft und wie lange eine Begleitung erfolgt, liegt im Ermessen des Sterbenden und oder dessen Angehörigen sowie der BegleiterIn. Von Seiten der Hospizvereine gibt es darüber keine Festlegungen mehr. Die Abstimmung erfolgt autonom vom Hospizverein zwischen BegleiterIn und Begleiteten.

Sterbebegleitung fordert nicht, dass diese zwangsläufig bis zum Tod durchgeführt wird. Da die Wünsche der Betreffenden im Mittelpunkt stehen, wird die Begleitung manchmal nach einer Stabilisierung der Lebens-

---

[96] Wie groß die Anzahl sein kann, damit es sich um eine überschaubare Größe handelt, konnte nicht geklärt werden.

umstände nicht mehr in Anspruch genommen. Der Orientierungsmaßstab für Dauer und Intensität richtet sich in jedem Falle nach den Vorstellungen und Wünschen des Sterbenden oder auch der begleitenden und begleiteten Angehörigen. Aber auch den SterbebegleiterInnen ist es offen gelassen, im Ermessen ihrer eigenen Grenzen eine Begleitung abzulehnen oder auch abzubrechen. In akuten und schwierigen Situationen können und werden gelegentlich zwei oder mehr BegleiterInnen eingesetzt. In der Regel ist es pro "Fall" eine Begleitperson. Von den Interviewten wurde die Notwendigkeit zur Flexibilität in der ambulanten Hospizarbeit herausgestellt, insbesondere auch, was den Einsatz von Ehrenamtlichen betrifft.

Unterschiedliche Positionen vertraten die ExpertInnen im Hinblick auf die zumutbaren Wegstrecken für Ehrenamtliche, die sie bis zu ihrem Einsatz bewältigen. So wurde auf der einen Seite der Standpunkt geäußert, dass kurze Wegstrecken unbedingt zu begrüßen seien.[97] Auf der anderen Seite ist dies, wegen der bereits genannten Hintergründe bei der Einsatzwahl, nicht einfach zu organisieren. Im Endeffekt darf dieser Fakt kein hinderndes Kriterium darstellen, sodass die Begleitungen in der Regel in ganz Bremen absolviert werden. Auch wenn die verschiedenen Vereine in unterschiedlichen Stadtteilen ansässig sind, werden die HelferInnen aus ganz Bremen rekrutiert und sind auch dort einsetzbar. Unter Umständen hängt jedoch das Einsatzgebiet von der Wohnlage der HospizlerIn ab. Maßgeblich aber bleibt: Wenn eine Begleitung bei einem bestimmten Verein angefragt wird und die Kapazitäten vorhanden sind, so werden letztlich auch entsprechende Wege in Kauf genommen, denn schließlich geht es um die Betroffenen und deren Begleitung.

Es kann unter Umständen auch vorkommen, dass nicht jede Anfrage übernommen werden kann. Dann wird versucht die Anfrage an einen andern Hospizverein weiterzuleiten. In einzelnen Fällen geht es manchmal darum die Einsamkeit alter Menschen zu lindern. Da dies nicht zu den primären Aufgaben der Hospizdienste zählt bzw. die BegleiterInnen vorrangig dort eingesetzt werden sollen, wo gegenwärtig Menschen sterben, versucht man solche Anfragen an verschiedene andere soziale Projekte weiterzuleiten. Eine wichtige Komponente in der Organisation einer Begleitung stellt die Kooperation und der Kontakt zu Pflegediensten, Ärzten und anderen spezialisierten Berufsgruppen dar. Sterbebegleitung ist eine multi- und interdisziplinäre Aufgabe, die darauf abzielt, einen „sozialen Ring" für die Sterbenden zu gestalten. Es wird angestrebt, sowohl die medizinische,

---

[97] Hintergründe dieser Auffassung liegen vermutlich in dem Verständnis von ambulanter Hospizarbeit als eine Art *nachbarschaftlichem Netzwerk* und der zudem geringeren Aufwandsentschädigungen an die Ehrenamtlichen.

pflegerische aber auch psychosoziale Betreuung und Verantwortung insgesamt auf verschiedene Schultern, d. h. Akteure wie Angehörige, Ehrenamtliche, (Haus-) Ärzte, Schmerztherapeuten und ambulante Pflegedienste zu verteilen, sodass einerseits ein stabiles Netz geschaffen wird und die Versorgung der kranken Person in der angestammten häuslichen Umgebung gesichert ist. Auf der anderen Seite soll es möglich bleiben, persönliche Belastungsgrenzen, vor allem die der Angehörigen, zu wahren. Der soziale Ring steht für Unterstützung, wenn sie benötigt und gewollt ist, soll aber immer genügend Platz und Raum lassen werden, um auf die individuellen Vorstellungen einzugehen. Ein vertrauensvolles Verhältnis zwischen HospizlerIn, Sterbenden sowie Angehörigen, wichtiger Baustein in der ambulanten Sterbebegleitung, schärft den Blick für die Bedürfnislage der einzelnen Betroffenen.

Gefragt nach den typischen inhaltlichen Anforderungen einer Begleitung wurde die Kommunikation als eine wesentliche Komponente im Begleitungsprozess benannt. Kommunikation beinhaltet mehr als ihre verbalen Elemente. Über den Horizont direkter Dialoge hinaus spielen nonverbale Elemente (z. B. basale Stimulation), einfaches „Da sein", „Miteinander Sein" eine große Rolle. Sie sind nicht erst dann von Relevanz, wenn die sterbende Person nicht mehr ansprechbar ist. Die Bandbreite dessen, was einzelne Gespräche abdecken, reicht von Unterhaltungen am Kaffeetisch bis hin zu lebensklärenden Aussprachen.

Oftmals beinhaltet die Betreuung auch ein symbolisches „Brücken bauen" zwischen Sterbenden und Angehörigen. Den Ehrenamtlichen ist es aufgrund ihrer begleitenden Rolle möglich, da sie nicht in unmittelbar familiär-privater Bindung zum Sterbenden stehen, in eine andere Dialogform einzutreten. So kommt es oft vor, dass in Gegenwart der SterbebegleiterInnen Themen und Fragen angesprochen und verhandelt werden, die mit den direkten Angehörigen sonst nur schwer besprochen werden können.

Sterbebegleitung beinhaltet auch, die Angehörigen eine Zeit lang zu entlasten. Insbesondere dann, wenn sie die Hauptpflege übernommen haben. Pflegende Angehörige sollten nach Möglichkeit auch noch für sich selbst sorgen können. Es geht aber nicht allein um zeitweise Entlastung der Verantwortlichkeit. Auch für die Angehörigen sind die BegleiterInnen da. Es kommt auch vor, dass nur ein Angehöriger begleitender Unterstützung und Stabilisierung bedarf. Es existiert in diesem Sinne keine idealtypische Form der Begleitung. Die Begleitung Sterbender und Angehöriger ist ein Prozess, der hoher Flexibilität bedarf und sich vor allem durch diese auszeichnet. Es wurde betont, dass gerade die Ehrenamtlichkeit, die freie und flexible Zeiteinteilung den Raum gibt, um intensiv auf die Bedürfnisse der Sterbenden einzugehen.

Die Hospizvereine bieten nicht nur Unterstützungsangebote für Menschen im Sterbeprozess. Darüber hinaus sind sie Anlaufstelle für Trauernde. Es besteht die Möglichkeit, in offenen Gruppen unter Anleitung über die Verlusterfahrungen und Schwierigkeiten mit ähnlich Betroffenen zu sprechen. Die Schätzungen der Interviewten besagen, dass mehrheitlich Personen an diesen Gruppen teilnehmen, die sich erst in der Trauerphase an die Hospizvereine wenden.

3.3.5 Vorbereitung und Betreuung der Ehrenamtlichen

Die Hospizvereine sind mit ihrem Angebot zur Begleitung beim Sterben auf die Bereitschaft Ehrenamtlicher angewiesen. Eine wesentliche und wichtige Aufgabe besteht folgerichtig darin, entsprechende Vorbereitungskurse anzubieten. Jeder einzelne Verein hat im Jahr 2002 mindestens einen Hospizausbildungskurs durchgeführt (vgl. LAG Bremen 2003). Es gibt weder in Bremen noch bundesweit dazu ein einheitliches Curriculum.[98] Nach Auskunft eines Interviewten gibt die BAG Hospiz Empfehlungen für die Ausbildung zukünftiger SterbegleiterInnen, die im Grunde das zusammenfassen, was bereits seit mehreren Jahren vermittelt wird. Die Konzeptionen der Kurse sind während der Hospizbewegung entwickelt wurden. Als zentrale Basis dient das Erfahrungswissen. Zusätzlich existieren heute gewisse Standards darüber, welche Themen angesprochen werden müssen.

Vielfach sind die Kurse in so genannte *kleine* und *große* Kurse unterteilt. Nicht jede oder jeder Interessierte wird sofort am Vorbereitungskurs zur ehrenamtlichen Hospizarbeit teilnehmen, welcher die Interessierten mit den Aufgaben und Anforderungen hospizlicher Sterbebegleitung vertraut macht. Nach Einschätzung der Interviewten sind die persönlichen Verlusterfahrungen der Teilnehmenden Motivationsquelle[99], die Kursangebote wahrzunehmen. Jeder Hospizverein führte mindestens einmal im Jahr einen Vorbereitungskurs zur ehrenamtlichen Hospizarbeit durch. Ein zentraler Aspekt dieser Kurse stellt die Selbsterfahrung dar. Eigene Erfahrungen zu Sterben und Tod, die Einstellung zur eigenen Vergänglichkeit spielen eine bedeutsame Rolle. Gerade weil die Teilnehmenden mit ihren eigenen Ver-

---

[98] Auf den jeweiligen Vereinsseiten im Internet können die aktuellen Pläne zu den einzelnen Kursangeboten eingesehen werden.
[99] Weiterführende Untersuchungsergebnisse zur Motivation ehrenamtlicher HospizlerInnen finden sich z. B. bei Spohr (2002: 34–41) und Rest (1995: 198–209).

lusterfahrungen in die Kurse kommen, besteht die Vorbereitung auch in der Nachbereitung des Erlebten.

Sowohl für den Verein als auch für die Ehrenamtlichen sind externe Supervisionen verpflichtend. Im Rahmen einer angemessenen Betreuung sind die Vereine verpflichtet, nicht erst mit den Vorgaben durch die Rahmenvereinbarung nach § 39a Abs. 2 Satz 6 SGB V[100], den SterbebegleiterInnen regelmäßig die Möglichkeit zu bieten, ihre Tätigkeit und Probleme in Supervisionen zu reflektieren. Diese werden von externen Supervisionskräften durchgeführt, sodass die Chance besteht, auch interne, innerhospizliche Schwierigkeiten zur Sprache zu bringen.

Die Ehrenamtlichen dürfen durch ihre Tätigkeit keine finanziellen Aufwendungen haben. Die Kosten, die sich z. B. durch Anfahrten ergeben, werden vom Verein erstattet. Auch ist der Verein verpflichtet, die ehrenamtlichen Begleiterinnen zu versichern.

Anders als die geschlechtsspezifische Verteilung lässt die Altersstruktur der SterbebegleiterInnen nach Angabe der Befragten keine derartig einseitige Ausprägungen erkennen. Menschen von Mitte 20 bis ins höhere Alter nehmen meist aus privatem aber auch professionellem Interesse, dann im Sinne einer Weiterbildung, an den Vorbereitungskursen zur Sterbebegleitung teil. Allerdings sind die meisten aktiven HospizlerInnen im mittleren Alter.

3.3.6 Dokumentation

Im Zuge der Weiterentwicklung der deutschen Hospizlandschaft, in erster Linie im ambulanten Bereich, verstärken sich die Bestrebungen nach spezifischen, (bundesweit) einheitlichen Standards und einer Qualitätssicherung. Im Blickpunkt der Betrachtung stehen dabei sowohl die Vorbereitungskurse der Ehrenamtlichen, insbesondere aber der Begleitungsprozess selber. Die Befragten standen den steigenden Anforderungen zwiespältig gegenüber. Einerseits wurde es begrüßt, qualitätssichernde Standards einzuführen. Anderseits bestand eine kritische Haltung gegenüber den damit verbundenen Dokumentationsregelungen.

Es ist nicht die Dokumentation an sich, die völlig neuartig ist. In den Vereinen wurde bereits von den HospizlerInnen nach jedem Begleitungsbesuch, ein Kurzbericht mit den aktuell wichtigen Angaben angefertigt. Inzwischen hat der Umfang der Dokumentation ambulanter Hospizpraxis auf

---

[100] Der ausführliche Rahmenvertrag ist auf den Internetseiten der BAG Hospiz abrufbar (BAG Hospiz 2003c).

Vereinsebene allerdings so stark zugenommen, dass eine eigene Verwaltungskraft damit beschäftigt werden könnte. In die Dokumentation werden viele Facetten hospizlicher Arbeit mit einbezogen. Dies beginnt bei der Kontaktaufnahme, z. B.: Wer fragt an? Was wird angefragt? Was wird veranlasst?, bis dahin, ob es sich um eine ambulante oder stationäre Begleitung handelt. Die Dokumentation oder das Berichtswesen erfolgt für den Hospizverein selber, für die BAG Hospiz sowie die Krankenkassen. Sie ist zum Teil stark an die Anträge zur finanziellen Unterstützung gekoppelt.

Kritisch angemerkt wurde, dass sich durch die verstärkte Diagnostik bezüglich der Krankheit des Sterbenden, nach und nach das "natürliche" Verständnis vom Sterbeprozess, welches eigentlich von der Hospizbewegung betont wurde, zu einem abermals pathologisch besetztem wandelt.

Ein weiterer kritischer Punkt stellt die Differenzierung von ambulanter und stationärer Begleitung dar. Um eine Begleitung auch als solche statistisch aufnehmen zu können, muss diese ambulant erfolgen.[101] Das heißt, die Begleitung soll im Haushalt der betreffenden Person stattfinden bzw. muss mindestens ein Besuch im Haushalt stattgefunden haben. Zwar wird der Haushaltsbegriff durch die Rahmenvereinbarungen nicht weiter explizit erläutert, doch zählen zur Begleitung im Haushalt die Wohnung der begleiteten Person, von dessen Angehörigen oder Freunden sowie *Betreutes Wohnen*. Befindet sich die sterbende Person in stationärer Behandlung (z. B. Krankenhaus, Hospiz, Altenpflegeheim, Pflegestation), ohne dass Hausbesuche stattgefunden haben, darf dies nicht als ambulante Begleitung gezählt werden. Eine Begleitung durch den Hospizdienst wird aber gegebenenfalls auch im Krankenhaus durch- oder weitergeführt. Hinsichtlich der Mittelvergabe an den Hospizverein ergibt sich hier ein Spannungsfeld zwischen finanzieller Absicherung der Hospizarbeit und dem Anspruch einer kontinuierlichen, flexiblen Begleitung, die sich auf die jeweilige Situation des Sterbenden einstellt.

3.3.7 Finanzierungshintergrund ambulanter Hospizdienste

Wie bereits erläutert, sind die ehrenamtlichen SterbebegleiterInnen wichtigste Stütze ambulanter Hospizdienste. Ehrenamtlichkeit bedeutet freiwilliger, unentgeltlicher Einsatz. Doch auch vor diesem Hintergrund bedarf

---

[101] Die Zahl der tatsächlichen Begleitungen ist im Hinblick auf die Finanzierungsanträge ein wesentliches Kriterium. In meinen Augen offenbart sich hier ein Dilemma zwischen quantitativer Zählbarkeit von Begleitung und der qualitativen Bedeutung von Begleitung, d. h. der Orientierung an individuellen Bedürfnissen.

Hospizarbeit finanzieller Zuschüsse, nicht zuletzt um den hohen Anspruch der Arbeit durch die Koordinationskräfte abzusichern. Es müssen die Kosten für sämtliche Sachmittel u. a. Büromaterialien, Raummieten, Honorare für die FortbilungskursleiterInnen, Supervisionskosten, Aufwandsentschädigung an die Ehrenamtlichen, Versicherungsschutz für die Ehrenamtlichen beglichen werden.

Die ambulanten Hospizvereine in Bremen finanzieren sich im Wesentlichen über die in Abbildung 11 dargestellten 4 Quellen.

Abb. 11 Finanzierungsquellen ambulanter Hospizarbeit in Bremen

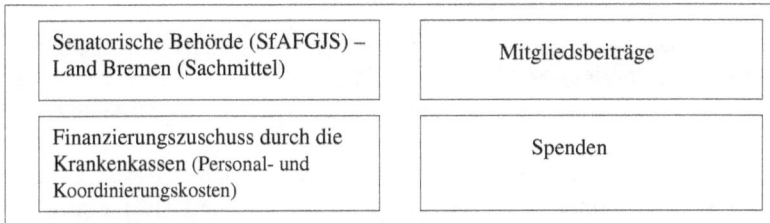

Senatorische Behörde (SfAFGJS) – Land Bremen (Sachmittel)	Mitgliedsbeiträge
Finanzierungszuschuss durch die Krankenkassen (Personal- und Koordinierungskosten)	Spenden

Quelle: eigene Darstellung

Die einzige feste, verlässliche Einnahmeposition stellen die Mitgliedsbeiträge dar. Alle anderen Zuschüsse sind stark abhängig von verschiedensten (Unsicherheits-)Faktoren. Durch das In-Kraft-Treten der Rahmenvereinbarung § 39a Abs.2 Satz 6 SGB V im September 2002 erhalten die Vereine eine Teilfinanzierung für die Koordinationskräfte. Im gleichen Zeitraum wurde allerdings die Bezuschussung durch den Stadtstaat Bremen um die Hälfte gekürzt. Diese beiden Quellen sind jedoch nicht gegeneinander aufzuwiegen, da sie an unterschiedliche Ausgabemodalitäten geknüpft sind.

Die Einnahmen über die Bezuschussung der Krankenkassen sind an die Ausgaben, die Anzahl der aktiven HospizlerInnen, d. h. die im Vorjahr eingesetzten Mitglieder sowie die Zahl der ambulanten Begleitungen des Vorjahres gekoppelt (vgl. BAG Hospiz 2003c).

Vor allem die Finanzierung der Koordinationsstelle wirft Schwierigkeiten auf. In den vergangenen Jahren wurden je nach Verein arbeitsmarktpolitische Maßnahmen (z. B. ABM, BSHG 19) der Bundesagentur für Arbeit genutzt, um Koordinationskräfte für einen längeren Zeitraum einzustellen. Da es auch in diesem Sektor vielfältige Änderungen gesetzlicher Regelungen gab, wird sich erst zukünftig zeigen, wie die Arbeit der Hospizvereine dauerhaft abgesichert werden kann. Bislang gibt es noch zu wenig Erfahrungen mit dem neuen Vergabemodus der Krankenkassengelder.

3.3.8 Kooperationen auf Vereinsebene

Die *Landesarbeitsgemeinschaft Hospiz Bremen e. V.* (LAG Bremen) dient als Zusammenschluss der im Land Bremen engagierten Einrichtungen, die sich mit Begleitung, Betreuung und Versorgung Sterbender auseinander setzen und ein dementsprechendes Angebot haben. Die LAG Bremen stellt gegenüber den älteren ambulanten Hospizvereinen ein noch sehr junges Organ dar. Sie wurde im Jahr 2000 gegründet. Im Jahr 2002 gehörten zur LAG neben den betreffenden ambulanten Hospizdiensten auch das stationäre Hospiz „*brücke*", die Palliativstation „*Links der Weser*" und das Hospizprojekt „*Hombre*" in Bremerhaven an.

Die einzelnen Vereine sehen sich gegenwärtig nicht in Konkurrenz. Durch ihren Zusammenschluss in der LAG wurde die Zusammenarbeit gestärkt. Eine der wesentlichen Aufgaben der LAG ist die Verteilung der Mittel durch den Bremer Senat an die einzelnen Vereine. Dies führt dazu, dass neben integrierender Wirkung eben auch die Schwierigkeit besteht, einen Verteilungsmaßstab zu bestimmen, nach dem die Gelder weiter gegeben werden. Um diese Situation zu entschärfen, wurde in der LAG ein Katalog ausgehandelt, der die notwendigen Begriffsinhalte im Einvernehmen aller festlegt. Es geht z. B. darum, konkret festzusetzen, was eine Sterbebegleitung beinhaltet. Die rein statistische Zählung von Begleitungen oder die Höhe der Ausgaben treten als Vergabenkriterien in den Hintergrund.

3.3.9 Fazit

Ambulante Hospizvereine unterstützen in der Stadt Bremen die Begleitung schwer kranker und sterbender Menschen. Diese Dienste verfügen über ein breites Angebot. Sie fungieren als allgemeine Anlaufstelle für Fragende und Interessierte, die sich mit Sterben und Tod befassen.

Die Aufgabenbereiche, denen sie sich widmen, sind zusammenfassend in der Tabelle 14 aufgelistet. Die Hospizdienste müssen Anforderungen auf zwei hauptsächlichen Ebenen gerecht werden. Auf der einen Seite ist dies die *personenzentrierte* Arbeit. Dazu zählen in erster Linie die Begleitung, Unterstützung und Beratung Sterbender sowie deren Angehörigen aber auch die Fortbildung und Betreuung der Ehrenamtlichen. Auf der anderen Seite kommen verstärkt die Aufgaben zum Tragen, bei denen der jeweilige *Hospizdienst als Institution* auftritt. Öffentlichkeitsarbeit, die Vertretung des Vereines und den damit verbundenen Interessen in übergeordneten

Gremien, Antragstellung und vereinsinterne Aufgaben werden zu diesem Schwerpunkt hinzugezählt.

Tab. 14 Aufgabenfelder der ambulanten Hospizdienste

Personenzentrierte Arbeit an der Basis	Aufgabenfelder ambulanter Hospizdienste	Vereinsarbeit/ Vertretung übergeordneter Interessen
Erstbesuch – Koordination der Einsätze		Dokumentation
Sterbebegleitung durch Ehrenamtliche		Überregionale Arbeit / LAG
Vorbereitungskurse für Ehrenamtliche		Öffentlichkeitsarbeit (Information an die Menschen herantragen, die es wirklich brauchen)
Betreuung und Supervision Ehrenamtlicher		Vorträge und Informationsveranstaltungen
Fortbildungen der Ehrenamtlichen		Vereinsinterne Organisation/ Verwaltung Vorstand
Offene Trauergruppen		Finanzierungskonzeption – Antragstellung, Absicherung der Koordinationsstelle
Beratung / Information (z. B. Patientenverfügung)		

Zwischen den einzelnen Vereinen gibt es, was die abgebildeten Aufgabenfelder hospizlicher Praxis betrifft, keine deutlichen Unterschiede. Mancher Verein hat zusätzlich eine inhaltliche Schwerpunktsetzung festgelegt. So beschäftigt sich ein Verein zusätzlich speziell mit Trauer und Tod bei Kindern sowie Jugendlichen. Unterschiede treten bei den Vereinen in dem Grad ihrer konfessionellen Gebundenheit zutage.

Zwar wurde beschrieben, dass in der Regel eine HospizlerIn für eine Begleitung zuständig ist, dennoch bildet sich dadurch keine starre Form. Die Eins-zu-Eins-Betreuung gewährleistet notwendige Kontinuität im persönlichen Verhältnis bzw. erleichtert Vertrauen und Nähe. Ehrenamtliche HospizlerInnen stellen einen Teil in einem Netzwerk der Begleitung für Personen im Sterbeprozess dar.

Spezifische, fest gefügte Vorstellungen von Begleitung sind Konstrukte. Die Realität spielt sich in der Praxis zwischen HospizlerInnen und Sterbenden ab. So wie das Sterben selber ist auch die Begleitung als Prozess mit unterschiedlichen Verläufen und Entwicklungen zu verstehen. *Sterbe*begleitung ist eine Form der *Lebens*begleitung in seiner existenziell wichtigsten Phase.

103

Die Dokumentation und Standardisierung ambulanter Hospizpraxis kann positiv aber auch negativ bewertet werden. Auf der einen Seite trägt sie dazu bei, diese Arbeit übersichtlicher und vergleichbarer zu machen. Spezifische Vorgaben (Koordination, Supervision) gewährleisten einen qualitativen Standard dieser ehrenamtlichen Arbeit. Auf der anderen Seite jedoch führt die Dokumentation dazu, dass zunehmend mehr Arbeitskraft auf diesen Bereich verwendet werden muss. Kreative, flexible Lösungen werden erschwert. Zusätzlich wird die schwer kranke Person, entgegen der ursprünglichen Hospizidee, zunehmend als Klient mit einem diagnostizierten Krankheitsbild gesehen. Der Sterbeprozess unterliegt einer Pathologisierung. Dies steht eigentlich diametral zu Grundsätzen der Hospizidee. Die aus der Hospizbewegung entstandenen Hospizvereine, die in ihrem ehrenamtlichen Engagement auch „quer denken" konnten, sehen sich hier zunehmenden Formalisierungs-, Professionalisierungs- und Bürokratisierungstendenzen ausgesetzt. M. E. wird deutlich, dass Sterbebegleitung, sobald sie öffentlich und formal organisiert wird, in einen funktionalen Kontext eingebettet ist, der die Vermittlung zwischen übergeordneten Anforderungen und der konkreten qualitativen Sterbebegleitung oftmals als Balanceakt erscheinen lässt.

Die hier aufgezeigten Schwierigkeiten bezogen sich in erster Linie auf die organisatorisch-finanziellen Aspekte hospizlicher Arbeit. Man darf davon ausgehen, dass auch in anderen Bereichen Schwierigkeiten auftreten, die bislang unbekannt sind. Um diese aufdecken zu können, müssten noch intensivere empirische Untersuchungen durchgeführt werden. Im Rahmen dieser Befragung wurde die Perspektive der ehrenamtlichen HospizlerIn nicht explizit mit einbezogen. In weiteren Forschungen sollte allerdings auch diese Akteure mit ihren je spezifischen Erfahrungen stark berücksichtigt werden. Von Interesse wäre z. B. wie sich das Kennenlernen im Rahmen der Begleitung gestaltet, wo sich Schwierigkeiten ergeben und wie diese bewältigt werden.

3.4 Spezifische Strukturen in der ambulanten Hospizarbeit und daraus resultierende Besonderheiten

Im folgenden Kapitel werden elementare Aspekte der ambulanten Begleitung beim Sterben, die bereits am Beispiel der Stadt Bremen dargelegt wurden, wiederholt aufgegriffen. Anhand der Schaubilder sollen einzelne Facetten, grundlegende, wiederkehrende Besonderheiten und mögliche Schwierigkeiten, die durch die (Organisations-) Struktur ambulanter Hospizarbeit bedingt sind, kurz fokussiert werden.

Abb. 12 Kontaktherstellung

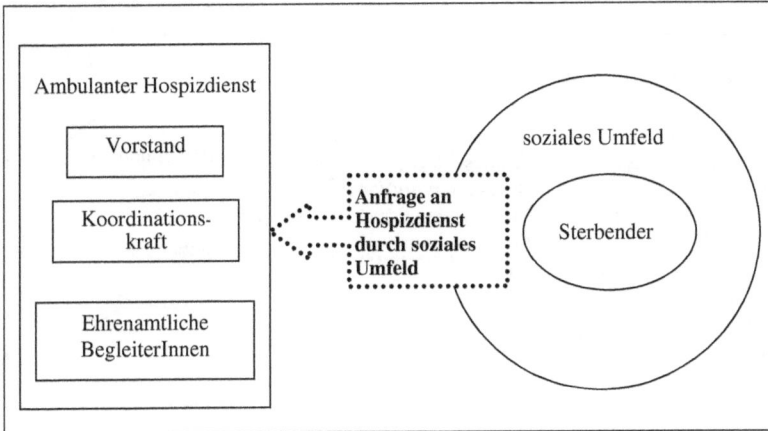

Quelle: eigene Darstellung

Besondere Bedeutung für die Arbeit der ambulanten Hospizdienste hat der Erstkontakt ausgehend vom Umfeld des Sterbenden (seltener von der betroffenen Person selber) und dem Hospizdienst. Die ambulanten Dienste haben eine Angebotsstruktur entwickelt. Sie werden einerseits erst auf Anfrage tätig, bedürfen andererseits aber auch eben jener Anfragen, um als Hospiz tätig zu werden und sich tragen zu können.

Die Autoren Werner Schneider und Angelika Westrich weisen in einer Untersuchung auf die Problematik der Fallstruktur in der ambulanten Hospizarbeit hin (Schneider/Westrich 2003). Aus Sicht des Hospizdienstes ist es zunächst unklar, wodurch sich der "nächste Fall" als Fall auszeichnet. Zum Zeitpunkt der Anfrage ist oft nicht erkenntlich, welche spezifischen Probleme dazu veranlasst haben, den ambulanten Hospizdienst einzuschalten. Die eindeutige Problemstellung des "Falles" muss erst herausgefunden werden. Anders etwa als bei der Institution Krankenhaus, stellt sich

105

für das Hospiz unter Umständen das Problem: Wie "sterbend" muss eine Person sein, um als Fall für die ambulante Begleitung zu gelten? Im Gegensatz zum stationären Hospiz, das durch die finanzielle Versorgung eindeutigen Kriterien verpflichtet ist, wer im Hospiz aufgenommen werden darf, können die ambulanten Dienste gegenwärtig noch in Einschätzung der Gesamtlage die Betreuung übernehmen oder gegebenenfalls weiterdelegieren. Als Basis für eine Entscheidung zählt also die Einschätzung der individuellen Situation, weniger geregelte strukturelle Vorgaben.

Abb. 13 Erstbesuch

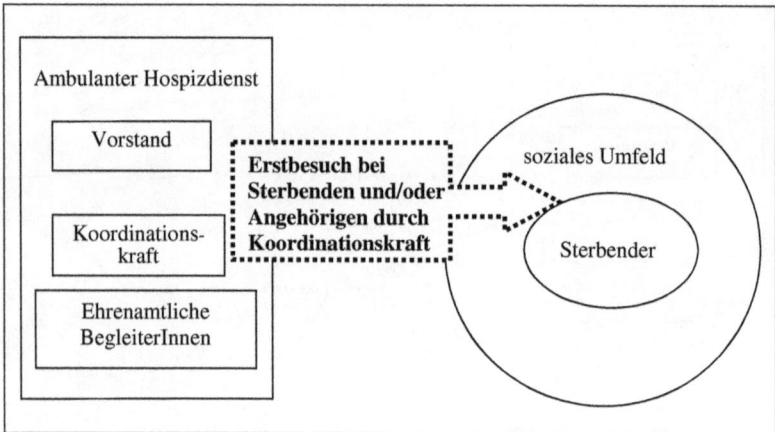

Quelle: eigene Darstellung

Damit der ambulante Hospizdienst seine ehrenamtlichen Kräfte zum Einsatz schicken kann, ist es notwendig genau abzuklären, welche Hilfen benötigt werden und ob sie durch die ambulanten SterbebegleiterInnen überhaupt erfüllt werden können. Der *zeitnahe* Erstbesuch ist folglich eine absolute Notwendigkeit, die Situation und Anforderungen bei Sterbenden und Angehörigen zu evaluieren. Erst auf dieser Grundlage kann eingeschätzt werden, welche Aufgaben eventuell bewältigt werden müssen, um dem Sterbenden ein sicheres Umfeld zu gewährleisten. Beim Erstbesuch stellen sich immer wieder neue Anforderungen an die Koordinationskraft bzw. die erstbesuchende Kraft.

Die KoordinatorIn übernimmt eine zentrale Rolle an der (organisatorischen) Basis. Allerdings ist sie in der Praxis nicht pauschal, als *die* zentrale Bezugsperson zwischen Sterbenden und BegleiterInnen sowie zwischen der einzelnen HospizlerIn und dem Hospizverein anzusehen. Die Anforderungen an die Koordinierungskräfte sollten in Zukunft, neben der Praxis durch die Ehrenamtlichen, wissenschaftlich stärker beleuchtet werden.

Abb. 14 Begleitungsprozess

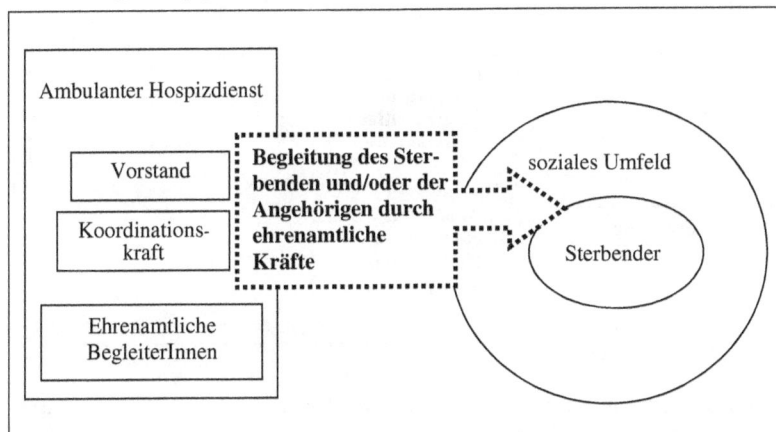

Quelle: eigene Darstellung

Ambulante Hospizarbeit ist geprägt durch ehrenamtliche SterbebegleiterInnen. Sie sind diejenigen, die den öffentlichen Auftrag, den Betroffenen in ihrer letzten Lebensphase eine begleitende Unterstützung zu gewähren, direkt an der Basis erfüllen. Dabei müssen sie sich immer wieder sehr flexibel auf die aktuelle Situation einstellen können. Denn ähnlich, wie nicht von einem idealtypischen Sterbeverlauf ausgegangen werden kann, existiert auch kein festgesetztes Konzept von Begleitung. So muss in steter Abstimmung mit den individuellen Bedürfnissen des Sterbenden, aber auch in Rücksicht auf die eigenen Möglichkeiten und Grenzen, der Umfang ambulanter Sterbebegleitung immer wieder neu angepasst werden. Es entsteht eine Situation, in der die SterbebegleiterInnen, vom Hospizverein kommend, im direkten Umfeld der sterbenden Person freiwillig als UnterstützerInnen fungieren. Aufgrund ihrer Nähe zum privaten Umfeld können sich für die BegleiterInnen jedoch auch Abgrenzungsprobleme entwickeln.[102]

---

[102] Über die Problematik von Nähe und gleichzeitiger Distanz während eines Begleitungsprozesses sowie über die Gegenseitigkeit des Nehmens im Geben aus Perspektive der Ehrenamtlichen, schreiben Schneider und Westrich (Schneider/Westrich 2003: 10f).

Abb. 15 Begleitung der Begleitung

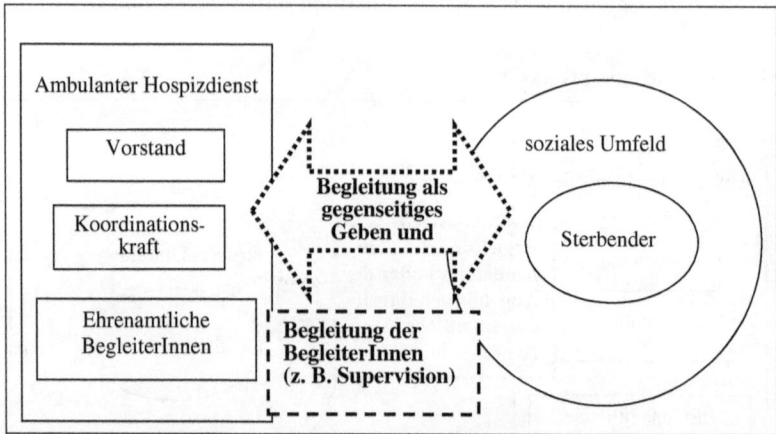

Ambulanter Hospizdienst

Vorstand

Koordinations-kraft

Begleitung als gegenseitiges Geben und

Ehrenamtliche BegleiterInnen

Begleitung der BegleiterInnen (z. B. Supervision)

soziales Umfeld

Sterbender

Quelle: eigene Darstellung

Für die Ehrenamtlichen ist der Begleitungsprozess nicht, wie bisher dargestellt (Abb. 14) allein durch "ein Geben" ihrerseits gekennzeichnet. Die Gegenseitigkeit von Geben und Nehmen ist wichtiges Element der Sterbebegleitung. Daraus lässt sich aber auch die Notwendigkeit beidseitiger Schutzräume ableiten. Klaus Aurnhammer weist auf die Grenzen von Sterbebegleitung hin und fordert die bewusste Gestaltung von „Schutzräumen" (Aurnhammer 2002: 25f). Diese sind ganz klar erforderlich für die Betroffenen, vor allem auch für die Begleitenden.

In den Supervisionen können spezifische Probleme, die sich in der jeweiligen Begleitung ergeben, unter professioneller Anleitung reflektiert werden. Außerdem dienen diese Stunden dazu, sich dauerhaft mit den eigenen Grenzen auseinander zu setzen.

Die Begleitungsstrukturen der ambulanten Hospize lassen deutlich werden, dass sie Einrichtungen sind, die sich für die Bedürfnisse der Sterbenden einsetzen, darüber hinaus aber auch etwas für die Begleitenden schaffen. Denn es geht nicht darum Menschen einen normativ guten Tod zu gestalten – anders formuliert geht es vielmehr darum *mit* den Menschen zu gestalten, als allein *für* sie. Ambulante Hospizdienste schaffen so Strukturen, die den Sterbenden und deren Angehörigen in Unterstützung der BegleiterInnen dazu verhelfen sollen, das Leben bis zum Ende möglichst autonom zu gestalten.

Abb. 16 Hospizwesen

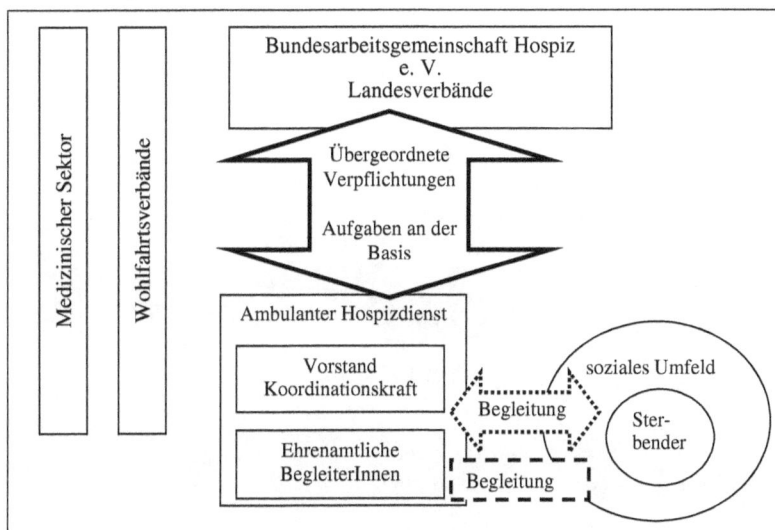

Quelle: eigene Darstellung

Derzeit ist die deutsche Hospizlandschaft geprägt durch die regional ansässige Hospizinitiative bis hin zu großen Dachorganisationen, die stationäre und ambulante Einrichtungen vereinen.[103] Der Autor Bernhard Heilmann spricht von einer „Doppelstruktur" des Hospizwesens gegenüber den Wohlfahrtsverbänden und dem Gesundheitswesen (Heilmann 2002: 79). Unabhängig von den großen Verbänden und dem medizinischen Bereich hat sich der Hospizbereich in den einzelnen Landesverbänden und bundesweit in der BAG Hospiz organisiert.

Die weitere Entwicklung ambulanter Hospizdienste, ausgehend vom hospizbewegten Protest gegen eine Medikalisierung der menschlichen Lebenswelt, insbesondere des Sterbeprozesses und dem Anspruch die individuellen Bedürfnisse stärker ins Zentrum zu rücken, steht im Hinblick auf gegenwärtige Formalisierungsmechanismen vor einer Herausforderung. Es bleibt m. E. fraglich, in welchem Rahmen die ausgeprägte Ehrenamtlichkeit des ambulanten hospizlichen Handelns innerhalb bundesweit immer stärker institutionalisierter Hospizstrukturen aufrechtzuerhalten ist. Auch scheint sich die Vereinbarkeit der charakteristischen Angebotsstruktur der ambulanten Vereine betreff Sterbebegleitung, Vorbereitung der Ehrenamt-

---

[103] Neben der BAG Hospiz haben sich noch weitere Dachorganisationen entwickelt. Eine Übersicht dazu ist in Seitz/Seitz (2002: 347f) zu finden.

lichen, Beratungsangebote und Trauergruppen mit den Regularien durch Regelfinanzierung u. Ä. in ihrer Beständigkeit noch beweisen zu müssen.

4. SCHLUSSBETRACHTUNG

Am Ausgangspunkt der Arbeit stand die Frage nach begleitetem Sterben als gesellschaftlichem Phänomen. Es sollte herausgefunden werden, was sich angesichts des Angebotes und der derzeitigen Entwicklung ambulanter Hospizdienste über das begleitete Sterben in der modernen Gesellschaft aussagen lässt. Welche Rückschlüsse können nun vor dem Hintergrund der soziologischen Ausführungen hinsichtlich der Bedeutung ambulanter Sterbebegleitung gezogen werden?

Die vergleichsweise gering konturierte und etablierte thanatosoziologische Forschung erforderte eine grundlegende Auseinandersetzung mit Fragen zu Sterben und Tod sowie Sterbebegleitung. Im ersten Teil der Arbeit wurden daher soziologische Konzepte vorgestellt, die begleitetes Sterben als gesellschaftliches Phänomen in einen Gesamtkontext einbetten. Allerdings wurde deutlich, dass im Rahmen soziologischer Untersuchungen die Begleitung Sterbender bzw. Aspekte der Hospizarbeit bislang wenig expliziten Einbezug erfahren haben. Es dominiert eine allgemeine Betrachtungsweise, aus deren Perspektive immer wieder die kontrovers diskutierte Frage nach gesellschaftlicher Verdrängung thematisiert wird und z. B. die in der Praxis relevanten spirituellen Fragen vernachlässigt werden.

Das zunehmende öffentliche Interesse an Begleitung im Sterben in Verbindung mit der Gründung und Etablierung von Hospizen ist eine Antwort auf fehlende (praktizierbare) moderne Handlungsmuster. In der breiten Auseinandersetzung um Sterbebegleitung werden Antworten darauf gesucht, wie in der gegenwärtigen Gesellschaft mit unheilbar Erkrankten und Hochbetagten, z. B. auch dementen Menschen, umgegangen werden sollte. Der Fokus hospizlich Engagierter auf den individuell Sterbenden, dessen biographische Einbindung und das jeweilige soziale Umfeld hat den *gesellschaftlichen* Blick für die Sterbebedingungen Einzelner geschärft.

Es wurde herausgestellt, dass Sterben ein erfahrbarer Prozess ist, der zum Leben gehört und in das Todesereignis mündet. Aus den dargestellten Dimensionen des Sterbeprozesses, ergänzt um eine spirituelle Komponente, lassen sich allgemeine Anforderungen an den professionalisierten und ehrenamtlichen Umgang mit Sterbenden ableiten. Diese Anforderungen stehen in direktem Zusammenhang mit den tatsächlichen Bedürfnissen der sterbenden Person und können erst in der unmittelbaren Begleitung konkretisiert werden.

Das öffentliche Angebot der Sterbebegleitung durch die ambulanten Hospizdienste bietet Unterstützung in einem Lebensprozess. Sie richtet sich sowohl an Sterbende als auch deren Angehörige. Ein Ziel besteht darin, den

Verbleib und die Betreuung des Betroffenen in der vertrauten Umgebung, nach Möglichkeit zu Hause, zu ermöglichen. Die (Familien-) Angehörigen erfahren ebenfalls Unterstützung in der Bewältigung des Prozesses. Hier beschränkt sich das Angebot der ambulanten Hospizdienste nicht allein auf die Zeit während einer Sterbebegleitung, sondern bezieht darüber hinaus auch das Angebot von Trauerkreisen mit ein.

Soziale Isolation – sozialer Tod –, sofern nicht selbst durch die sterbende Person gewählt, gilt allgemein als zusätzliche Belastung und kann zudem auf Probleme im Umgang mit Sterbenden hinweisen. Das Begleitungsangebot der ambulanten Hospizdienste bietet eine Möglichkeit dem frühzeitigen Herausfallen aus einem sozialen Beziehungsgeflecht vorzubeugen. Dies gilt sowohl für die sterbende Person selber als auch für mögliche private Hauptpflegepersonen. Mit der Begleitung ergibt sich zudem die Chance, das soziale Sterben zurückzunehmen.

In Abstimmung mit Sterbenden und Angehörigen geht es für die ambulanten SterbebegleiterInnen in erster Linie darum, präsent zu sein und an der bedürfnisorientierten Gestaltung des Sterbeprozesses aktiv oder passiv mitzuwirken. Dabei spielen die ambulanten Hospizdienste insgesamt eher eine unterstützende Rolle, als dass sie gänzlich als Ersatz für (nicht-) vorhandene Angehörige gelten könnten. Augenscheinlich tritt die Abhängigkeit menschenwürdigen Sterbens von der Belastbarkeit solidarischen Verhaltens hervor (vgl. Weber 1994: 308). Wobei menschenwürdig im Sinne der Hospizidee auf die Autonomie der sterbenden Person abzielt. Ohne Zweifel existieren gesellschaftlich normierte Vorstellungen von einem sozial begleiteten, schmerzfreien und bewussten Abschied vom Leben nach zahlreichen Lebensjahren. Doch indem das selbstbestimmte Individuum so weit wie möglich ins Zentrum gerückt wird, kann es nicht darum gehen an ein Ideal des guten Sterbens bzw. schönen Todes anzuknüpfen, sondern darum die Sterbebedingungen nach individuellen Möglichkeiten zu gestalten. In der modernen Gesellschaft, in der das Leben des einzelnen Akteurs strukturell an institutionelle Vorgaben gebunden ist, gilt es folglich die individuelle Handlungsfähigkeit und die Freiräume der Betroffenen so weit wie möglich bis zum Lebensende zu erhalten.

Die HospizlerInnen leisten einen wesentlichen sozialen Beitrag im Bezug auf die Bedingungen, unter denen Menschen gegenwärtig sterben. Ein Charakteristikum ihrer Hilfe liegt in der Freiwilligkeit. Ambulante Sterbebegleitung ist geprägt durch die Zahl der einzelnen ehrenamtlich Tätigen vor Ort. Die von ihnen geleistete Hospizarbeit erscheint in ihrer (zeitlichen) Flexibilität, der persönlichen Nähe und dem gegenseitigen immateriellen "Geben und Nehmen" unbezahlbar.

Die aus der Hospizbewegung hervorgegangene Form ambulanter Hospizarbeit sieht sich im Zuge ihrer fortschreitenden Etablierung, Mechanismen der Problemformalisierung und starken Standardisierungsansprüchen ausgesetzt. Zwar erscheint die Einrichtung einheitlicher Qualitätsstandards angesichts der hohen Vielfältigkeit an unterschiedlich stark strukturierten Hospizen einleuchtend, doch die zunehmende Institutionalisierung bzw. Bürokratisierung der Hospizpraxis birgt die Gefahr, dass das gegenwärtige Angebotsprinzip und die Form der Begleitung Schwerstkranker als solidarisches Miteinander in den Auseinandersetzungen um Finanzierungsfragen und Dokumentationsregelungen stecken bleibt. Für weitere Entwicklungen ist es notwendig, eine Art Balance zwischen der Qualitätssicherung und einer flexiblen Hospizpraxis zu finden. Das ist deshalb wichtig, damit die Spanne zwischen den Ehrenamtlichen und den übergeordneten verbandlichen Verpflichtungen der einzelnen Hospize nicht zu groß wird.

Mit Blick auf die Entwicklung ambulanter Hospizbetreuung wurde deutlich, dass Sterben oft im Zusammenhang mit einer schweren Erkrankung steht. Dabei ist der Sterbeprozess selber keine Krankheit. Er ist vielmehr notwendiges Vergehen, damit Neues entstehen kann. Ein Bestreben hospizlichen Handelns bestand ursprünglich darin, sterbende Menschen nicht bloß als unheilbare Patienten zu betrachten. In der aktuellen Entwicklung des Hospizwesens zeigen sich Tendenzen, die Sterben als Prozess wiederum unter pathologischen Vorzeichen betrachten. Das Begleitungsangebot der ambulanten Hospize ist nämlich insbesondere dann gefragt, wenn die sterbende Person an einer unheilbaren Krankheit leidet. Stetig steigende Diagnoseanforderungen an die (palliative) Koordinationskraft und der verstärkte Zugriff der medizinischen Profession sind vor dem Hintergrund ursprünglicher Hospizbestrebungen kritisch zu betrachten.

Die Auseinandersetzung mit den Möglichkeiten der modernen Sterbebegleitung ist gebunden an eine Betrachtung der heutigen Bedingungen des Sterbens und den strukturellen Gegebenheiten. Die Relevanz von Sterbebegleitung spiegelt sich in den gegenwärtigen Debatten um ambulante Hospizarbeit wider. Bei der inhaltlichen Auseinandersetzung mit der Begleitung beim Sterben, wurde deutlich, dass sich zum einen die "Lebenden" für angemessene Sterbebedingungen einsetzen müssen und zum anderen aber die hospizliche Praxis neben den direkt Betroffenen immer das Augenmerk auf die Interessierten und die Betreuung der BegleiterInnen richtet.

Es wurde herausgestellt, dass die Verschiebung der hohen Sterblichkeitsraten in die späten Lebensjahre, den Sterbeprozess zunehmend zu einem Ereignis des Alters werden lässt. Diese soziale Tatsache ist historisch neuartig. Da die Einbindung der Altersphase in ein von Leistung und Aktivität geprägtes modernes Lebenslaufmodell schwierig bleibt, sind neue individuelle und gesellschaftliche Lösungsstrategien gefordert. Auch an die wissenschaftlichen Betrachtungen ergeben sich vor diesem Hintergrund einige Herausforderungen. In engeren Kooperationen mit bereits bestehenden Spezialsoziologien, wie sie die Alterssoziologie und die Medizinsoziologie darstellen, sieht Feldmann die Chance thanatosoziologischer Forschungen voranzubringen (Feldmann 2003: 220). Eine Gefahr in der Koppelung von Sterbe- und Altersbetrachtungen liegt m. E. darin, dass sich durch derartige Angliederungen die Exklusivität des Sterbens als "Altersphänomen" in "den" Köpfen möglicherweise noch stärker festsetzt.[104] So gilt zwar das Alter als eigenständige Lebensphase im Lebenslauf, doch auch im Rahmen lebenslaufsoziologischer Betrachtungen, die das gesamte Leben in den Blick rücken wollen, konzentriert sich das Augenmerk stark auf den Umbruch vom Status der Erwerbsarbeit zur Verrentung (vgl. Kohli 1995: 225). Sterben als prozessualer Vorgang *im* Leben, wird nicht betrachtet. Dabei resultiert u. a. aus der Schwierigkeit den Beginn des Sterbeprozesses einzugrenzen, der Anlass die Gesamtheit des Lebenslaufes unter dem Blickwinkel von Sterben und Tod zu betrachten. Als lebensimmanenter Prozess sollte der Blick über das Sterben als altersabhängige "Phase" hinausgehen. Den Sterbeprozess im Kontext des gesamten Lebens zu betrachten, führt zu der Notwendigkeit, die Person des Sterbenden in den Fokus zu stellen, die Gesamtperspektive aber darüber hinaus zu erweitern. Eine derartig breite Perspektive ließe z. B. zu, die Betrachtungen zum Sterbeort im Zusammenhang mit den individuell (gewünschten) Sterbeumständen und dem Beziehungssystem, in dem sich der sterbende Mensch befindet, phänomenologisch zu erforschen. Ein steigendes (soziologisches) Interesse an den Bedingungen des modernen Sterbens ist eng an die Betrachtung der Hospizentwicklung geknüpft. Den (thanato-) soziologischen Horizont zu erweitern, hieße letztlich, die Erkenntnisse aus hospizlicher (ambulanter) Sterbebegleitung stärker zu berücksichtigen – eine Anforderung, der sich zukünftige Forschungen in diesem Bereich stellen sollten.

---

[104] Ähnliches gilt m. E. für die Thanatosoziologie im Kontext einer Medizinsoziologie.

5. VERZEICHNISSE

5.1 Literatur

Albrecht, E./ Orth, Ch./ Schmidt, H. (2002): Hospizpraxis. Ein Leitfaden für Menschen, die Sterbenden helfen wollen. 4., neubearb. Aufl., Freiburg: Herder.

Ariès, Ph. (1982 [1978]): Geschichte des Todes. [Aus d. Franz.] München: Deutscher Taschenbuch Verlag.

Atteslander, P. (2000): Methoden der empirischen Sozialforschung. 9., neubearb. Aufl., Berlin: de Gruyter.

Aurnhammer, K. (2002): Gewollte Nähe und notwendiger Schutzraum, in: Böke, H./ Schwikart, G./ Spohr, M. (Hrsg.): Wenn Sterbebegleitung an ihre Grenzen kommt. Motivation, Schutzräume, Problemfelder. Gütersloh: Gütersloher Verlagshaus. S. 22-33.

Bartosch, H. (2002): Sterben im Krankenhaus, in: Gronemeyer, R./ Loewy, E. H. (Hrsg.): Wohin mit den Sterbenden? Hospize in Europa – Ansätze im Vergleich. Münster. LIT. S. 119-1355.

Bauman, Z. (1994 [1992]): Tod, Unsterblichkeit und andere Lebensstrategien. [Aus d. Engl.]. Frankfurt/M.: Fischer Taschenbuchverlag.

Bausewein, C./Hartenstein, R. (2001): Vom Hospiz zur Palliativmedizinischen Einrichtung: Die Palliativstation am Städtischen Krankenhaus München-Harlaching, in: Heimerl, K./ Heller, A. (Hrsg.) (2001): Eine große Vision in kleinen Schritten. Aus Modellen der Hospiz- und Palliativbetreuung lernen. Freiburg: Lambertus.

Beck, U. (1995): Eigener Tod – eigenes Leben: Vergänglichkeitshoffnungen, in: Beck, U./ Vossenkuhl, W./ Erdmann Ziegler, U.: eigenes Leben. Ausflüge in die unbekannte Gesellschaft, in der wir leben. München: Verlag C.H. Beck. S. 171-174.

Becker, P. (1992): Moderne Gesellschaft im Umgang mit Sterben und Tod – Hospize. Hospitalisierung des Todes?, in: Nassehi, A./ Pohlmann, R. (Hrsg.): Sterben und Tod. Probleme und Perspektiven der Organisation von Sterbebegleitung. Münster, Hamburg: LIT. S. 43-53.

Bednarz, A. (2003): Den Tod überleben. Deuten und Handeln im Hinblick auf das Sterben eines Anderen. Wiesbaden: Westdeutscher Verlag.

Bertram, H. (1997): Familie leben. Neue Wege zur flexiblen Gestaltung von Lebenszeit, Arbeitszeit und Familienzeit. Gütersloh: Verlag Bertelsmann Stiftung.

Bickel, L./ Tausch-Flammer, D. (Hrsg.) (1997): Spiritualität der Sterbe-begleitung. Wege und Erfahrungen. Freiburg, Basel usw.: Herder.

Binsack, Th. (2001): Palliativmedizin aus der Sicht eines Arztes, in: Ever-ding, G./ Westrich, A. (Hrsg.): Würdig leben bis zum letzten Augen-blick: Idee und Praxis der Hospiz-Bewegung. 2., erw. Aufl., Mün-chen: C. H. Beck. S.17-23.

Blinkert, B. (2003): Sterben in modernen Gesellschaften. Vortrag auf dem 2. Symposium „Herausforderung Palliativ Care", Freiburg: 2003-12-12.
<http://www.soziologie.uni-freiburg.de/blinkert/Publikationen/vortra g_sterben.pdf.>. Rev. 2005-07-08.

Blumenthal-Barby, K. (1998): Sterben in Europa, in: Becker, U./ Feld-mann, K./ Johannsen, F. (Hrsg.): Sterben und Tod in Europa. Neu-kirchen Vluyn: Neukirchener. S. 64-72.

Bundesarbeitsgemeinschaft Hospiz e. V. (BAG Hospiz) (Hrsg.) (2004): Ambulante Hospizarbeit. Grundlagentexte und Forschungsergebnisse zur Hospiz- und Palliativarbeit. Teil 1., Wuppertal: der hospiz verlag.

Bundesarbeitsgemeinschaft Hospiz e. V. (BAG Hospiz) (2003a): Projekte. <http://www.hospiz.net/presse/projekte.html>. Rev. 2003-10-16.

Bundesarbeitsgemeinschaft Hospiz e. V. (BAG Hospiz) (2003b): Koopera-tionsvereinbarungen zwischen ambulanten und stationären Hospizen. <http://www.hospiz.net/themen/kooperationsv_amb_stat.doc>. Rev. 2003-01-14.

Bundesarbeitgemeinschaft Hospiz e. V. (BAG Hospiz) (2003c): Gesetz-liche Regelungen zum Hospizbereich. Rahmenvereinbarung zur För-derung der ambulanten Hospizarbeit. (Rahmenvereinbarungen nach § 39a Abs. 2 Satz 6 SGB V zu den Voraussetzungen der Förderung sowie zu Inhalt, Qualität und Umfang der ambulanten Hospizarbeit vom 03. 09. 2002.)
<http://www.hospiz.net/gesetze/index.html >. Rev. 2003-01-29.

Bundesarbeitsgemeinschaft Hospiz e. V. (BAG Hospiz) (2001): Novellie-rung des Heimgesetzes bringt Änderungen für Stationäre Hospize. <http://www.hospiz.net/gesetze/10.html>. Rev. 2001-11-23.

Büschges, G. (1994): Hospizbewegung – ein Beitrag zum menschenwürdi-gen Sterben, in: Bellebaum, A./ Barheier, K. (Hrsg.): Lebensqualität. Ein Konzept für Praxis und Forschung. Opladen: Westdeutscher Verlag. S. 219-131.

Christophorus Hospiz Verein e. V. (CHV) (2003): Unsere Dienste. <chv.org/arbeit/arbeit01_html>. Rev. 2003-12-03.

Cremer, M. (1999): Palliativmedizin zwischen Wunsch und Wirklichkeit – Neue Fragen, Aufgaben und Probleme, in: Osterdtag M. (Hrsg.): Todeswunsch und Ungeduld am Lebensende. Hospizarbeit in der Bewährung. Loccum: Evangelischen Akademie Loccum. S. 28-35.

Dahms, U. (1999): Ehrenamtliche Arbeit in Hospizen: Bestandsaufnahme, Analyse von Konzepten. Hamburg: E.B.-Verlag.

Daimler, R./ Glaeske, G. (1988): Altern ist keine Krankheit. Ein Ratgeber für die zweite Lebenshälfte. Köln: Kiepenheuer & Witsch.

Deutsche Gesellschaft für Humanes Sterben (DHGS) (2003): Humanes Leben – Humanes Sterben. Zeitschrift der DGHS. Jg. 23. Nr.1.

Deutsche Gesellschaft für Soziologie (DGS) (2001): Sektionen und Arbeitsgruppen in der DGS. <http://www.soziologie.de/sektionen /index.htm>. Rev. 2001-09-26.

Deutsche Hospiz Stiftung (DHS) (2001): Meinungen zum Sterben. Emnid-Umfrage 2001.
<http://www.hospize.de/ftp/emnid2001/pdf>. Rev. 2004-01-20.

Deutsche Hospiz Stiftung: Weil Sterben auch Leben ist! Patientenschutz für Schwerstkranke und Sterbende in Deutschland. (Informationsbroschüre)

Dinkel, R. H. (1992): Demographische Alterung: Ein Überblick unter besonderer Berücksichtigung der Mortalitätsentwicklungen, in: Baltes, P. B./ Mittelstrass, J. (Hrsg.): Zukunft des Alterns und gesellschaftliche Entwicklung. Akademie der Wissenschaften zu Berlin. Forschungsbericht Nr. 5. Berlin, New York: de Gruyter. S. 62-93.

Dreßel, G./ Erdmann, B./ Hausmann, Ch./ Hildebrandt, B./ Oorschot, B. van (2002): Sterben und Tod in Thüringen. Ergebnisse einer sozialwissenschaftlichen Repräsentativbefragung. Friedrich-Schiller-Universität Jena: Eigenverlag.
<http://pflege.sw.fh-jena.de/hospiz/pdf/sterben_und_tod.pdf>. Rev. 2004-01-20.

Duden (2000): Die Deutsche Rechtschreibung. 22.,völlig neu bearbeitete und erw. Aufl., Bd. 1. Mannheim, Leipzig usw.: Dudenverlag.

Elias, N. (1982): Über die Einsamkeit der Sterbenden in unseren Tagen. Frankfurt/M.: Suhrkamp.

Everding, G./ Westrich, A. (Hrsg.) (2000): Würdig leben bis zum letzten Augenblick: Idee und Praxis der Hospiz-Bewegung. München: Beck.

Feldmann, K. (2004): Tod und Gesellschaft. Sozialwissenschaftliche Thanatologie im Überblick. Wiesbaden: Verlag für Sozialwissenschaften.

Feldmann, K. (2003): Thanatosoziologie: Anomie oder Anämie?, in: Soziologische Revue, Jg. 26. S. 231-221.

Feldmann, K. (1998a): Physisches und soziales Sterben, in: Becker, U./ Feldmann, K./ Johannsen, F. (Hrsg.): Sterben und Tod in Europa. Neukirchen Vluyn: Neukirchener. S. 94-107.

Feldmann, K. (1998b): Suizid und die Soziologie von Sterben und Tod, in: Österreichische Zeitschrift für Soziologie, Jg. 23, H. 4. S. 7-21.

Feldmann, K. (1997): Sterben und Tod. Sozialwissenschaftliche Theorien und Forschungsergebnisse. Opladen: Leske & Budrich.

Feldmann, K./ Fuchs-Heinritz, W. (Hrsg.) (1995): Der Tod ist ein Problem der Lebenden. Beiträge zur Soziologie des Todes. Frankfurt/M.: Suhrkamp.

Feldmann, K. (1990): Tod und Gesellschaft. Eine soziologische Betrachtung von Sterben und Tod. Frankfurt/M. usw.: Peter Lang Verlag.

Fischer, N. (1997): Wie wir unter die Erde kommen. Sterben und Tod zwischen Trauer und Technik. Frankfurt/M.: Fischer-Taschenbuch-Verlag.

Fuchs, W. (1969): Todesbilder in der modernen Gesellschaft. Frankfurt/M.: Suhrkamp.

Geister, C. (2004): "Weil ich für meine Mutter verantwortlich bin" Der Übergang von der Tochter zur pflegenden Tochter. Bern: Verlag Hans Huber.

Gesundheitsberichterstattung des Bundes (GBE) (2001): Sterbebegleitung. Leistungen des Gesundheitswesens, H. 2. Robert-Koch-Institut (Hrsg.). <http://www.rki.de/GBE/HEFTE/BEGLEIT/BEGLEIT.PDF>. Rev. 2004-01-20.

Glaser, B. G. / Strauss, A. L. (1965): Awareness of dying. Chicago: Aldine Publishing Company.

Graf, G./Zyrpries, B. (2003): Briefverkehr zwischen der Bundesarbeitsgemeinschaft Hospiz und der Bundesministerin der Justiz – Frau Brigitte Zypries, in Bundes-Hospiz-Anzeiger. Jg. 1, Ausg. 1/06. S. 8.

Gronemeyer, R. (2002): Die späte Institution. Das Hospiz als Fluchtburg, in: Gronemeyer, R./ Loewy, E. H. (Hrsg.): Wohin mit den Sterbenden? Hospize in Europa – Ansätze im Vergleich. Münster. LIT. S. 139-145.

Gronemeyer, R. (1985): Orthothanasie – Vorschläge für einen therapeutisch gesicherten Abgang aus dem Leben, in: Eisenberg, G./ Gronemeyer, M. (Hrsg,): Der Tod im Leben. Ein Lesebuch zu einem ,verbotenen' Thema. Giessen: Focus-Verlag. S. 102-114.

Gröning, K./ Kunstmann, A.-C./ Rensing, E. (2004): In guten wie in schlechten Tagen. Konfliktfelder in der häuslichen Pflege. Frankfurt a.m.: Mabuse.

Hahn, A. (2002): Tod uns Sterben in soziologischer Sicht, in: Assmann, J./ Trauzettel, R. (Hrsg.): Tod, Jenseits und Identität. Perspektiven einer kulturwissenschaftlichen Thanatologie. Freiburg, München: Karl Alber Verlag. S. 55-89.

Hahn, A. (1968): Einstellungen zum Tod und ihre soziale Bedingtheit. Eine soziologische Untersuchung. Stuttgart: Ferdinand Enke Verlag.

Heilmann, B. (2002): Umbau des Wohlfahrtssystems – Hospiz als Vorreiter?, in: Gronemeyer, R./ Loewy, E. H. (Hrsg.): Wohin mit den Sterbenden? Hospize in Europa – Ansätze im Vergleich. Münster. LIT. S. 66-84.

Heller, A. (Hrsg.) (1994): Kultur des Sterbens. Bedingungen für das Lebensende gestalten. Freiburg im Breisgau: Lambertus.

Hoffman, E. (2001): Todesursachen in Deutschland, in: Informationsdienst Altersfragen, H. 11/12. (Online-Ausgabe, gekürzt) <http://www.dza.de/infodienst/ida_11+12_01.html>. Rev. 2003-08-15.

Hoffmann, E./ Adolph, H. (2001): Todesursachen in Deutschland, in Informationsdienst Altersfragen, H. 11/12. (Online-Ausgabe, gekürzt) <http://www.dza.de/infodienst/ida_11+12_01.html>. Rev. 2003-08-15.

Hopf, Ch. (2000): Qualitative Interviews – Ein Überblick, in: Flick, U./ von Kardorff, E./ Steinke, I. (Hrsg.) (1995): Qualitative Forschung. Ein Handbuch. Reinbek bei Hamburg: Rowohlt Taschebuchverlag.

Hospiz- und Palliativführer 2003 (2002): Stationäre und ambulante Palliativ- und Hospizeinrichtungen in Deutschland. Neu-Isenburg: MediMedia.

Imhof, A. E. (1998): Die Kunst des Sterbens (Ars morendi) einst – und heute? Oder: Erfüllt leben – in Gelassenheit sterben, in: Becker, U./ Feldmann, K./ Johannsen, F. (Hrsg.): Sterben und Tod in Europa. Neukirchen Vluyn: Neukirchener. S. 118-127.

Imhof, A. E. (1994a): Brauchen wir eine neue ars morendi?, in: Bundesministerium für Familie und Senioren (Hrsg.): Sterben und Sterbebegleitung. Ein interdisziplinäres Gespräch. 2., unver. Aufl., Schriftenreihe des Bundesministeriums für Familie, Senioren, Frauen und Jugend, Bd. 28. Stuttgart usw.: Kohlhammer. S. 10-23.

Imhof, A. E. (1994b): Erfüllt leben – in Gelassenheit sterben, in: Imhof, Arthur E./ Weinknecht, Rita, (Hrsg.): Erfüllt leben – in Gelassenheit sterben: Geschichte und Gegenwart. Beiträge eines interdisziplinären Symposiums vom 23.-25. November 1993 an der Freien Universität Berlin. Duncker und Humblot: Berlin. S. 253-263.

Informationssystem für Gesundheitsberichterstattung (IS-GBE) (2003): Gesundheitsberichterstattung des Bundes. (Online-Datenbank: Stichwortsuche; Definitionen: allgemeine Sterblichkeit, Lebenserwartung, Sterbeziffer) <http://www.gbe-bund.de>. Rev. 2003-08-06.

Internationaler Arbeitskreis Thanatologie (IAK) (2003): Internationaler Arbeitskreis Thanatologie. Johann Gutenberg – Universität Mainz. <http://www.uni-lmainz.de/Organisationen/thanatologie/>. Rev. 2003-11-27.

Kampits, P. (2000): Menschenwürdiges Sterben, in: Brosch, W./ Denk, P. (Hrsg.): Sterben als Lebensabschnitt. Ethische Fragen im Spannungsfeld zwischen Selbst- und Fremdbestimmung. Linz: edition pro mente. S. 29-37.

Kastenbaum, R. J. (1986): Death, Society and Human Experience. 3., Aufl., Columbus: Charles E. Merril Publishing Company.

Klie, Th./ Student, J.-Ch. (2001): Die Patientenverfügung. 2., Aufl., Freiburg: Herder.

Kohli, M. (1992): Altern in soziologischer Perspektive, in: Baltes, P. B./ Mittelstraß, J. (Hrsg.): Zukunft des Alterns und gesellschaftliche Entwicklung. Akademie der Wissenschaften zu Berlin. Berlin/ New York: de Gruyter. S. 231-259.

Kohli, M. (1985): Die Institutionalisierung des Lebenslaufs, in: Kölner Zeitschrift für Soziologie und Sozialpsychologie. Jg. 37. Opladen: Westdeutscher Verlag. S. 1-29.

Kohli, M. (Hrsg.) (1978): Soziologie des Lebenslaufs. Darmstadt, Neuwied: Luchterhand.

Kübler-Ross, E. (1994 [1971]): Interviews mit Sterbenden. 19., Aufl., Stuttgart: Kreuz-Verlag.

Kuhlmann, A. (1995): Sterbehilfe. Reinbek bei Hamburg: Rowohlt.

Kytir, J. (1994): Orte des Sterbens. Epidemiologische Aspekte am Beispiel Österreichs, in: Imhof, A. E./ Weinknecht, R. (Hrsg): Erfüllt leben – in Gelassenheit sterben: Geschichte und Gegenwart. Berlin: Duncker und Humblot. S. 241-251.

Lamnek, S. (1989): Qualitative Sozialforschung. Bd. 2. Methoden und Techniken. München: Psychologie Verlags Union.

Lamnek, S. (2002): Qualitative Interviews, in: König, Eckard/ Zedler, Peter (Hrsg.): Qualitative Forschung. 2., Aufl., Weinheim, Basel: Beltz Verlag. S. 157-193.

Lamp, I. (2001): Hospizarbeit in Deutschland, in: Lamp, I. (Hrsg.): Hospiz-Arbeit konkret. Grundlagen, Praxis, Erfahrungen. Gütersloh: Gütersloher Verlagshaus. S. 17-38.

Landesarbeitsgemeinschaft Bremen e. V. (LAG Bremen) (2003): Jahresbericht 2002. Verfasser Voß, Rudolph. (unveröffentlichtes Papier)

Lautmann, R. (1995): Dispositiv, in: Fuchs-Heinritz, W./ Lautmann, R./ Rammstedt, O./ Wienhold, H. (Hrsg.): Lexikon zur Soziologie. 3., völlig neu bearb. und erw. Aufl., Opladen: Westdeutscher Verlag. S. 147.

Lebhard, G./ Münz, R. (2003): Mortalität, Lebenserwartung, Todesursachen. <http://www.berlin-institut.org/pdfs/Muenz-Todesursachen.pdf>. Rev. 2003-01-24.

Levine, St. (1991 [1982]): "Wer stirbt?" Wege durch den Tod. [Aus d. Amerik.] Bielefeld: Context-Verlag.

Liebold, R./ Trinczek, R. (2002): Experteninterview, in: Kühl, St./ Strodtholz, P. (Hrsg.): Methoden der Organisationsforschung. Ein Handbuch. Reinbek: Rowohlt. S. 33-71.

Loewy, E. H. (2002): Ethische Probleme im Hospiz, in: Gronemeyer, R./ Loewy, E. H. (Hrsg.): Wohin mit den Sterbenden? Hospize in Europa – Ansätze im Vergleich. Münster: LIT. S. 15-23.

Loewy, E. H. (2000): Begriffliche Probleme des Lebensendes, in: Brosch, W./ Denk, P. (Hrsg.): Sterben als Lebensabschnitt. Ethische Fragen im Spannungsfeld zwischen Selbst- und Fremdbestimmung. Linz: edition pro mente. S. 15-27.

Luley, F. (2001): Humanes Sterben innerhalb und außerhalb der Intensivstation. Hagen: Brigitte Kunz Verlag.

Macho, Th. (1987): Todesmetaphern: zur Logik der Grenzerfahrung. Frankfurt/M.: Suhrkamp.

Mennemann, H. (Verfasser)/ Böhme, G. (Hrsg.) (2000): Sterben und Tod zwischen Verdrängung und Akzeptanz. Idstein: Schulz-Kirchner Verlag.

Metz, Ch. (2002): Hospizbewegung und/oder Palliative Care: zwei Seiten einer Medaille? Zur organisatorischen Implementierung und Weiterentwicklung der Hospiz-Idee, in: Gronemeyer, R./ Loewy, E. H. (Hrsg.): Wohin mit den Sterbenden? Hospize in Europa – Ansätze im Vergleich. Münster. LIT. S. 88-105.

Meuser, M./ Nagel, U. (1991): Experteninterviews – vielfach erprobt, wenig bedacht. Ein Beitrag zur qualitativen Methodendiskussion, in: Garz, D./ Kraimer, K. (Hrsg.): Qualitativ-empirische Sozialforschung. Konzepte, Methoden, Analysen. Opladen, S. 441–471.

Mischke, M. (1996): Der Umgang mit dem Tod: Vom Wandel in der abendländischen Geschichte. Berlin: Dietrich Reimers Verlag.

Müller, T./Bird, K./Bohns, St. (2004): Pflege im Kontext von Lebensverlauf und Familie. Familiales Zusammenleben und pflegende Familienangehörige. Expertise für die Kommission zur Erstellung des 7. Familienberichtes. Empas. Universität Bremen. (unveröffenticht)

Müller, M. (2002): Was ist Hospizarbeit?, in: Hospiz- und Palliativführer 2003: Stationäre und ambulante Palliativ- und Hospizeinrichtungen in Deutschland. S. 13-15.

Nassehi, A. (1992): Sterben und Tod in der Moderne zwischen gesellschaftlicher Verdrängung und professioneller Bewältigung, in: Nassehi, A./ Pohlmann, R. (Hrsg.): Sterben und Tod. Probleme und Perspektiven der Organisation von Sterbebegleitung. Münster, Hamburg: LIT. S. 11-26.

Nassehi, A./ Weber, G. (1989): Tod, Modernität und Gesellschaft. Entwurf einer Theorie der Todesverdrängung. Opladen: Westdeutscher Verlag.

Neidhart, W. (1995): Die Auseinandersetzung mit dem Sterben im Kontext des weltanschaulichen Pluralismus, in: Güntert-Dubach, M. B./ Meyer Schweizer, R. A. (Hrsg.): ALTERnativen. Brüche im Lebenslauf. Bern, Stuttgart usw.: Verlag Paul Haupt. S. 257-270.

Noll, P. (1984): Diktate über Sterben und Tod. Zürich: pendo-verlag.

Ochsmann, R. (2003-08-04): Re: Demographie des Todes. (Persönliche E-Mail)

Ochsmann, R. (1998): Angst vor Sterben und Tod, in: Becker, U./Feldmann, K./Johannsen, F. (Hrsg.): Sterben und Tod in Europa. Neukirchen-Vluyn: Neukirchen-Verlag. S. 85-93.

Ochsmann, R./ Slangen, K./ Feith, G./ Klein, Th./ Seibert, A. (1997): Sterbeorte in Rheinland-Pfalz: Zur Demographie des Todes, in: Beiträge zur Thanatologie. Interdisziplinärer Arbeitskreis Thanatologie (IAK), H. 8. <http://www.uni-mainz.de/Organisationen/thanatologie/>. Rev. 2003-07-29.

Ochsmann, R. (1994): Menschenwürdig Sterben: Institutionelle Zwänge und Widerstände, in: Bellebaum, A./ Barheier, K. (Hrsg.): Lebensqualität. Ein Konzept für Praxis und Forschung. Opladen: Westdeutscher Verlag. S. 183-217.

Pollack, D. (1996): Individualisierung statt Säkularisierung? Zur Diskussion eines neueren Paradigmas in der Religionssoziologie, in: Gabriel, K. (Hrsg.): Religiöse Individualisierung oder Säkularisierung. Biographie und Gruppe als Bezugspunkte moderner Religiösität. Veröffentlichungen der Sektion Religionssoziologie in der DGS, Bd. 1. Gütersloh: Chr. Kaiser/ Gütersloher Verlagshaus.

Putz, W./ Steldinger, B. (2003): Patientenrechte am Ende des Lebens. Vorsorgevollmacht, Patientenverfügung, Selbstbestimmtes Sterben. München: dtv-Verlag.

Rest, F. (1998): Den Sterbenden beistehen. Ein Wegweiser für die Lebenden. 4., aktualisierte und erw. Aufl., Wiesbaden: Quelle & Meyer.

Rest, F. (1995): Leben und Sterben in Begleitung. Vier Hospize in Nordrhein Westfalen – Konzepte und Praxis – Gutachten im Anschluß an eine wissenschaftliche Begleitung. Münster: LIT.

Rest, F. (1994): Sterbebeistand, Sterbebegleitung, Sterbegeleit. Studienbuch für Pflegekräfte, Ärzte, Seelsorger, Hospizhelfer, stationäre und ambulante Begleiter. 3., überarb. Aufl., Stuttgart: Verlag W. Kohlhammer.

Roß, J. (2002): Hospize in Deutschland – Erfahrungen der BAG Hospiz, in: Gronemeyer, R./ Loewy, E. H. (Hrsg.): Wohin mit den Sterbenden? Hospize in Europa – Ansätze zu einem Vergleich. Münster: LIT. S. 146-157.

Sauer-Burghard, B. (2001): Der Wunsch nach Unsterblichkeit hat (k)ein Geschlecht. Die Kontrolle des Todes durch die Medizin, in: beiträge zur feministischen theorie und praxis: Sterben und Tod – das geht mir zu nah, damit will ich nichts zu tun haben, Jg. 24, H. 59. S. 45-52.

Saunders, C. (Hrsg.) (1993): Hospiz und Begleitung im Schmerz. Wie wir sinnlose Apparatemedizin und einsames Sterben vermeiden können. Freiburg: Herder.

Schmied, G. (1994): Der Tod in der modernen Gesellschaft und die Frage eines menschenwürdigen Lebensendes, in: Bellebaum, A./ Barheier, K. (Hrsg.): Lebensqualität. Ein Konzept für Praxis und Forschung. Opladen: Westdeutscher Verlag. S. 163-182.

Schmied, G. (1985): Sterben und Trauern in der modernen Gesellschaft. Leske & Budrich: Opladen.

Schmitz-Scherzer, R. (1992a): Sterben und Tod im Alter, in: Baltes, P. B./ Mittelstraß, J. (Hrsg.): Zukunft des Alterns und gesellschaftliche

Entwicklung. Akademie der Wissenschaften zu Berlin. Berlin/ New York: de Gruyter. S. 544-562.

Schmitz-Scherzer, R. (1992b): Sterben heute, in: Schmitz-Scherzer, R. (Hrsg.): Altern und Sterben. Angewandte Alterskunde, Bd. 6. Bern: Verlag Hans Huber. S. 9-26.

Schmoll, H.-J. (1979): Sterben als sozialer Prozess. Über das soziale Umfeld des Sterbenden, in: Engelke, E./ Schmoll, H.-J./ Wolff, G. (Hrsg.): Sterbebeistand bei Kindern und Erwachsenen. Stuttgart: Ferdinand Enke. S. 40-48.

Schneekloth, U./ Leven, I. (2003): Hilfe- und Pflegebedürftige in Deutschland 2002. In: Schnellbericht, Forschungsprojekt MuG3. München: Infratest Sozialforschung/ Bundesministerium für Familie, Senioren, Frauen und Jugend (BMFSFJ).

Schneider, W. (1999): "So tot wie nötig – so lebendig wie möglich!" Sterben und Tod in der fortgeschrittenen Moderne. Eine Diskursanalyse der öffentlichen Diskussion um den Hirntod in Deutschland. Münster: LIT.

Schneider, W./ Westerich, A. (2003): „Sterben dort, wo man zuhause ist..."– Zur institutionellen Ordnung des Lebensendes in der ambulanten Hospizarbeit, in: Bauerfeind, I./ Mendl, G./ Schill, K. (Hrsg.): Über das Sterben: Anspruch und Wirklichkeit – Fachübergreifende Fallberichte. München: W. Zuckerschwerdt- Verlag. (unveröffentlichtes Manuskript)

Schöninger, U. (2002): Zur pflegerischen Perspektive in der Hospizarbeit, in: Gronemeyer, R./ Loewy, E. H. (Hrsg.): Wohin mit den Sterbenden? Hospize in Europa – Ansätze zu einem Vergleich. Münster: LIT. S. 213-231.

Schröter-Kunhardt, M. (2002): Nahtodeserfahrungen: Empirisch-biologische Grundlage für den Glauben an ein Leben nach dem Tod, in: Assmann, J./ Trauzettel, R. (Hrsg.): Tod, Jenseits und Identität. Perspektiven einer kulturwissenschaftlichen Thanatologie. Freiburg, München: Karl Alber Verlag. S. 712-739.

Seibert, A./ Ochsmann, R./ Feith, G./ Klein, Th./ Slangen, K. (1997): Häusliche Betreuung Sterbenskranker: Zur Motivation der Familienangehörigen, in: Beiträge zur Thanatologie. Interdisziplinärer Arbeitskreis Thanatologie, H. 9.
<http://www.uni-mainz.de/Organisationen/thanatologie/Literatur/hef t9.htm>. Rev. 2003-12-03.

Seitz, O./ Seitz, D. (2002): Die moderne Hospizbewegung in Deutschland auf dem Weg ins öffentliche Bewusstsein. Ursprünge, kontroverse Diskussionen, Perspektiven. Herbolzheim: Centaurus Verlag.

Spohr, M. (2002): Zur Motivation der Hospizmitarbeiterinnen und –mitarbeiter, in: Böke, H./ Schwikart, G./ Spohr, M. (Hrsg.): Wenn Sterbebegleitung an ihre Grenzen kommt. Motivationen, Schutzräume, Problemfelder. Gütersloh: Gütersloher Verlagshaus. S. 34-41.

Statistisches Bundesamt (Hrsg.) (1998): Gesundheitsbericht für Deutschland. Stuttgart: Metzel-Poeschel.

Streckeisen, U. (2001): Die Medizin und der Tod. Über berufliche Strategien zwischen Klinik und Pathologie. Oplasen: Leske & Budrich.

Student, J.-Ch. (2001): Die Rolle der Ehrenamtlichen in der Hospizarbeit. <http://www.hospiz-stuttgart.de/html/download/htm/Ehrenamtliche.¶ pdf>. Rev. 2001-10-29.

Student, J.-Ch. (1999): Was ist ein Hospiz?, in: Student, J.-Ch. (Hrsg.): Das Hospiz-Buch. 4., erw. Aufl., Freiburg: Lambertus. S. 21-34.

Student, J.-Ch. (1998): Stellungnahme zum Entwurf der Richtlinien der Bundesärztekamme zur ärztlichen Sterbebegleitung und den Grenzen zumutbarer Behandlung, in: Zeitschrift für Gerontologie und Geriatrie, Bd. 31, H. 3. S. 205-208.

Sudnow, D. (1973 [1967]): Organisiertes Sterben. Eine soziologische Untersuchung. [Aus d. Amerik.] Frankfurt/M.: Fischer Verlag.

Verband Dienstleistender Thanatologen e. V. (VDT) (2003): <http://www.thanatologen.de.>. Rev. 2003-02-13.

Weber, H.-J. (1994): Der soziale Tod. Zur Soziogenese von Todesbildern. Frankfurt/M.: Peter Lang Verlag.

Wehkamp, K.-H. (1998): Lebensende: zwischen Medizinierung und Sterbekultur, in: Becker, U./Feldmann, K./Johannsen, F. (Hrsg.): Sterben und Tod in Europa. Neukirchen-Vluyn: Neukirchen-Verlag. S. 59-63.

Weiß, W. (1999): Im Sterben nicht allein. Hospiz. Ein Handbuch für Angehörige und Gemeinden. Berlin: Wichern-Verlag.

Wettstein, H. R. (1995): Leben- und Sterbenkönnen. Gedanken zur Sterbebegleitung und zur Selbstbestimmung der Person. Bern: Lang.

Wiedemann, R. E. (1992): Tod, Kultur und Gesellschaft, in: Internationale Zeitschrift für Soziologie, Kommunikations- und Kulturforschung, Bd. 30, H. 1/2. S. 117-124.

Wiesemann, C. (2001): Individuelle Leiden. Sterben – Tod, in: van Dülmen, R. (Hrsg.): Die Entdeckung des Ich. Die Geschichte der

Individualisierung vom Mittelalter bis zur Gegenwart. Köln: Böhlau Verlag. S. 541-556.

5.2 Abbildungen

Dahms, U. (1999): Ehrenamtliche Arbeit in Hospizen: Bestandsaufnahme, Analyse von Konzepten. Hamburg: E.B.-Verlag. S. 14.

Feldmann, K (1998a): Physisches und soziales Sterben, in: Becker, U./ Feldmann, K./ Johannsen, F. (Hrsg.): Sterben und Tod in Europa. Neukirchen Vluyn: Neukirchener. S. 95.

GeroStat (2003): Deutsches Zentrum für Altersfragen, Berlin: Mortalität. Sterbefälle nach sozialdemographischen Merkmalen. <www.gerostat.de>. (Online-Datenbank) Basisdaten: Statistisches Bundesamt, Wiesbaden. Statistik der natürlichen Bevölkerungsbewegung.

Gesundheitsberichterstattung des Bundes (GBE) (2001): Sterbebegleitung. Leistungen des Gesundheitswesens, H. 2. Robert-Koch-Institut (Hrsg.). <http://www.rki.de/GBE/HEFTE/BEGLEIT/BEGLEIT.PDF>. Rev. 2004-01-20. S. 12.

Hospiz- und Palliativführer 2003 (2002): Stationäre und ambulante Palliativ- und Hospizeinrichtungen in Deutschland. Neu-Isenburg: MediMedia. S. 9.

Hospiz- und Palliativführer 2004 (2003): Stationäre und ambulante Palliativ- und Hospizeinrichtungen in Deutschland. Neu-Isenburg: MediMedia. S. 9.

Rest, F. (1995): Leben und Sterben in Begleitung. Vier Hospize in Nordrhein Westfalen – Konzepte und Praxis – Gutachten im Anschluß an eine wissenschaftliche Begleitung. Münster: LIT.S. 237ff.

Statistisches Bundesamt, Wiesbaden (2003): Gesundheitswesen. Anzahl der Gestorbenen Insgesamt. Todesursachen. (Datenbank) <http://www.destatis.de/basis/d/gesu/gesutab19.htm>. Rev. 2003-02-25.

Statistisches Bundesamt (Hrsg.) (1998): Gesundheitsbericht für Deutschland.. Stuttgart: Metzel-Poeschel. S. 43.

5.3 Tabellen

Deutsche Hospiz Stiftung: Weil Sterben auch Leben ist! Patientenschutz für Schwerstkranke und Sterbende in Deutschland. S. 10. (Informationsbroschüre)

Feldmann, K. (1997): Sterben und Tod. Sozialwissenschaftliche Theorien und Forschungsergebnisse. Opladen: Leske & Budrich. S. 11ff.

Gesundheitsberichterstattung des Bundes (GBE) (2001): Sterbebegleitung. Leistungen des Gesundheitswesens, H. 2. Robert-Koch-Institut (Hrsg.). <http://www.rki.de/GBE/HEFTE/BEGLEIT/BEGLEIT.PDF>. Rev. 2004-01-20. S. 3ff, 7, 10ff.

Kastenbaum, R. J. (1986): Death, Society and Human Experience. 3., Aufl., Columbus: Charles E. Merril Publishing Company. S. 89ff.

Kuhlmann, A. (1995): Sterbehilfe. Reinbek bei Hamburg: Rowohlt.

Lamp, I. (2001): Hospizarbeit in Deutschland, in: Lamp, I. (Hrsg.): Hospiz-Arbeit konkret. Grundlagen, Praxis, Erfahrungen. Gütersloh: Gütersloher Verlagshaus. S. 21.

Landesarbeitsgemeinschaft Bremen e. V. (LAG Bremen) (2003): Jahresbericht 2002. Verfasser Voß, Rudolph. (unveröffentlichtes Papier)

Loewy, E. H. (2000): Begriffliche Probleme des Lebensendes, in: Brosch, W./ Denk, P. (Hrsg.): Sterben als Lebensabschnitt. Ethische Fragen im Spannungsfeld zwischen Selbst- und Fremdbestimmung. Linz: edition pro mente. S. 24.

Müller, M. (2002): Was ist Hospizarbeit?, in: Hospiz- und Palliativführer 2003: Stationäre und ambulante Palliativ- und Hospizeinrichtungen in Deutschland. S. 14.

Peglow, M. (2002): Das neue Ehrenamt. Erwartungen und Konsequenzen für die soziale Arbeit. Marburg: Tectum Verlag. S. 81. (Abb. 4: Unterschiede von Laienhelfern und Professionellen)

Rest, F. (1995): Leben und Sterben in Begleitung. Vier Hospize in Nordrhein Westfalen – Konzepte und Praxis – Gutachten im Anschluß an eine wissenschaftliche Begleitung. Münster: LIT. S. 237ff, 11ff.

Rest, F. (1994): Sterbebeistand, Sterbebegleitung, Sterbegeleit. Studienbuch für Pflegekräfte, Ärzte, Seelsorger, Hospizhelfer, stationäre und ambulante Begleiter. 3., überarb. Aufl., Stuttgart: Verlag W. Kohlammer. S. 16.

Schneider, W. (1999): "So tot wie nötig – so lebendig wie möglich!" Sterben und Tod in der fortgeschrittenen Moderne. Eine Diskurs-

analyse der öffentlichen Diskussion um den Hirntod in Deutschland.
Münster: LIT. S. 153.

(Abb. 14: Leben–Leiden–Sterben–Tod: das moderne Todesdispositiv)

Weber, H.-J. (1994): Der soziale Tod. Zur Soziogenese von Todesbildern.
Frankfurt/M.: Peter Lang Verlag. S. 308.

Weiß, W. (1999): Im Sterben nicht allein. Hospiz. Ein Handbuch für Angehörige und Gemeinden. Berlin: Wichern-Verlag. S. 66ff.

6. ANHANG

6.1 Leitfaden zu den ExpertInneninterviews

Einstieg

- In welchem Hospizdienst bzw. Verein sind Sie tätig? Worin bestand Ihre Motivation zu dieser Tätigkeit?
- Was sind Ihre Aufgaben und wie sieht die Praxis Ihrer Tätigkeit aus? Erzählen Sie mir bitte davon!

A) Detaillierte Angaben zum Hospizdienst

1. Wie ist Ihr Hospizverein aufgebaut?
2. Wie viele MitarbeiterInnen sind in ihrem Dienst tätig?
3. Wie ist das (zahlenmäßige) Verhältnis: hauptamtlich – ehrenamtlich in Ihrem Verein?
4. Welche Personen/Personengruppen werden vorrangig betreut? (Stichworte: Alleinstehende, Familie)
5. Gibt es spezifische Erkrankungen, unter denen die Sterbenden oft leiden?
6. Über welche Quellen finanzieren sich ihr Verein?

B) Betreuung einzelner Sterbender- Praxis der Hospizarbeit

7. Wie sieht eine Begleitung durch den ambulanten Hospizdienst i. d. R. aus? Bitte erzählen Sie mir.
8. Können sie angeben, welchen Zeitraum die Begleitungen i. d. R. umfassen?
9. Wann werden Sie i. d. R. zum Einsatz gerufen? Gibt es spezifische Zeitpunkte, die den Beginn des Sterbens markieren? (Stichwort: soziales Sterben)
10. Welche Schwierigkeiten müssen sie in ihrer Arbeit meistern?
11. Wie verläuft die Vorbereitung zur ehrenamtlichen Sterbebegleitung? (Plan, Inhalte)
12. Wie sieht es mit Supervisionen aus? Inwieweit sind sie verpflichtend?
13. Welche Erfahrungen werden bei Begleitungen hinsichtlich Sterbehilfe und Patientenverfügungen gemacht?
14. Sehen sie eine Diskrepanz zwischen quantitativer Statistik und qualitativer Arbeit oder eine Weiterentwicklung? Ergeben sich Probleme durch das Dokumentationswesen?

C) Die Vereine untereinander - Hospizwesen

15. Wie sieht die Zusammenarbeit der Vereine untereinander aus? Beschreiben Sie bitte!
16. Welche Aufgaben hat die LAG?
17. Verhältnis BAG zu der Stiftung Hospiz?
18. Kongresse, überregionale Zusammentreffen? (Hospizfachtagung 8.11.03 Hamburg)

D) Bedeutung von Sterben, Tod, Begleitung und Hospiz in Deutschland

19. Können Sie noch einmal zusammenfassen, was Sie unter Sterbebegleitung verstehen bzw. was diese für Sie unbedingt beinhaltet?

20. Welchen Stellenwert hat hospizliche Sterbegleitung Ihrer Meinung nach in unserer gegenwärtigen Gesellschaft?
21. Gibt bzw. gab es Veränderungen in der Bedeutung von Sterbebegleitung? Wenn ja, warum?
22. Welche Bedeutung haben Sterben und Tod als Themen?
23. Wie schätzen Sie die Bedeutung von Hospizen ein?
24. Können Sie den ihrer Meinung nach zutreffenden gesellschaftlichen Trend skizzieren?
25. Wie wichtig ist die Ehrenamtlichkeit der Sterbebegleitung? Wie schätzen Sie das ein?

Abschluss

26. Fällt Ihnen noch etwas Wichtiges ein zur ambulanten Hospizarbeit, was wir bisher noch nicht angesprochen haben?
27. Haben Sie Kenntnis über wissenschaftliche Forschungen?
28. Welche Wünsche haben sie bzgl. zukünftiger ambulanter Hospizarbeit?

Postskriptum
Gedächtnisprotokoll

6.2 Abkürzungen

ALPHA	Ansprechstellen des Landes Nordrhein-Westfalen zur Pflege Sterbender, Hospizarbeit und Angehörigenbegleitung
BAG Hospiz	Bundesarbeitsgemeinschaft Hospiz e. V.
B-W	Baden-Württemberg
Ba	Bayern
Ber	Berlin
Bran	Brandenburg
Bre	Bremen
CHV	Christophorus Hospiz Verein e. V. in München
DGHS	Deutsche Gesellschaft für Humanes Sterben e. V.
DGS	Deutsche Gesellschaft für Soziologie e. V.
DHS	Deutsche Hospiz Stiftung / Patientenschutz für Schwerstkranke und Sterbende
EXIT	Vereinigung für humanes Sterben mit Sitz in Zürich
GBE	Die Gesundheitsberichterstattung des Bundes
Ha	Hamburg
He	Hessen
IAK	Internationaler Arbeitskreis Thanatologie an der Uni Mainz
ICD- System	International Classification of Disease
IGSL	Internationale Gesellschaft für Sterbebegleitung und Lebensbeistand e. V.
IS-GBE	Informationssystem für Gesundheitsberichterstattung
LAG Hospiz	Landesarbeitsgemeinschaft Hospiz e. V.
M-V	Mecklenburg-Vorpommern
N-W	Nordrhein-Westfalen
Nie	Niedersachsen
OMEGA	OMEGA – mit dem Sterben leben e. V.
Rh-Pf	Rheinland-Pfalz
S-A	Sachsen-Anhalt
Saar	Saarland
Sach	Sachsen
Sch-H	Schleswig-Holstein
SfAFGJS	Senator für Arbeit, Familie, Gesundheit, Jugend und Senioren im Bundesland Bremen

VELKD   Vereinigte Evangelisch-Lutherische Kirche
               Deutschland
VDT   Verband Dienstleistender Thanatologen e. V.
Th   Thüringen

www.ingramcontent.com/pod-product-compliance
Lightning Source LLC
Chambersburg PA
CBHW022326280326
41932CB00010B/1238